ORUNMILÁ

Copyright © 2021
Rogério Athayde

editoras
Cristina Fernandes Warth
Mariana Warth

coordenação de design e de produção
Daniel Viana

revisão
BR75 | Elaine dos S. Batista

arte de capa
Clara Zúñiga

foto de capa
Aurélio Oliosi

Este livro segue as novas regras do Acordo Ortográfico da Língua Portuguesa.

Todos os direitos reservados à Pallas Editora e Distribuidora Ltda.
É vetada a reprodução por qualquer meio mecânico, eletrônico, xerográfico etc., sem a permissão por escrito da editora, de parte ou totalidade do material escrito.

CIP-BRASIL. CATALOGAÇÃO-NA-FONTE
SINDICATO NACIONAL DOS EDITORES DE LIVROS, RJ

A886o

    Athayde, Rogério, 1969-
      Orunmilá / Rogério Athayde.– 1. ed. – Rio de Janeiro: Pallas, 2021.
      208 p.; 21 cm.

      Inclui bibliografia
      ISBN 978-65-5602-060-0

      1. Iorubá (Povo africano) - Religião. 2. Candomblé. 3. Orunmilá (Orixá). I. Título.

21-75116   CDD: 299.673
                                  CDU: 259.42

Meri Gleice Rodrigues de Souza - Bibliotecária - CRB-7/6439

Pallas Editora e Distribuidora Ltda.
Rua Frederico de Albuquerque, 56 – Higienópolis
CEP 21050-840 – Rio de Janeiro – RJ
Tel./fax: 21 2270-0186
www.pallaseditora.com.br | pallas@pallaseditora.com.br

ORUNMILÁ

ROGÉRIO ATHAYDE

Rio de Janeiro
2022

Agradecimentos

Ninguém lê os agradecimentos. Talvez só os íntimos e os interessados. Mais ninguém. Acabou se tornando praxe institucional, importante para render as saudações obrigatórias aos órgãos de fomento, aos amigos e familiares. Claro que não se poderá duvidar da sinceridade daqueles que lembram de todos os que participaram de alguma forma, direta ou indiretamente, da realização do trabalho. Recordo ter encontrado em alguns desses agradecimentos – pois é, eu costumo ler – menção detalhada, com rigor de lista de convidados para festa de casamento, a inúmeros funcionários públicos, distribuídos em bibliotecas, arquivos e institutos, nacionais ou estrangeiros, além dos amigos e parentes. Sem dúvida existem os sinceros. Entretanto, essas manifestações de gratidão, por mais prestimosas, em geral são tratadas como um item que se supõe por gentileza acadêmica, conveniência profissional e reconhecimento emocionado. Ninguém lê os agradecimentos. Ou quase ninguém. Eu, porém, se pudesse, pediria logo na primeira folha desse trabalho: por favor, não deixe de ler os Agradecimentos.

Agradeço aos deuses antigos, que agitam minha alma nervosa. A eles devo tudo que tenho, meus amores. Então agradeço a Exu – sempre ele! – que me trouxe o carinho de Cristina e Mariana Warth; agradeço novamente a Exu – sempre, sempre ele! – por me conceder o olhar atento, vigilante e amoroso de Eneida D. Gaspar, que leu, releu e corrigiu este livro, e de Daniel Viana, que o produziu; agradeço a Oxalá e a Oxum que me colocaram Antonio Carlos de Souza Lima em minha vida. Sem Cristina e Mariana não haveria apoio, fé, otimismo e os livros; sem Eneida e Daniel não haveria cuidado, qualidade, acertos e os livros; sem Antonio Carlos não existiria arrimo, atenção, carinho e os livros. Eu sou irrecuperavelmente agradecido.

Agradeço a Orunmilá, que me apresentou aos babalawos. Então, obrigado, Carlão, pelas muitas histórias; André e Alex pelo conhecimento; Antônio Wagner pelo amor, e Evandro pela amizade; obrigado, Miguel e suas infinitas possibilidades; Daniel e sua paciente doçura; Marcelo e seu bom caráter; Flávio e sua boa conduta; Guilherme Gabriel e suas boas escolhas, e Wagner, o mar, o mar, o mar. Eu sou irreparavelmente agradecido.

Agradeço a Ori, que me deu três irmãos. Sem eles não consigo chegar a lugar algum, não posso nada, não conquisto nada, não sei de nada. O mais velho é Luís; ele me ensina. Depois vem Rodrigo, que me ensina. E então chega Cláudio, que me ensina também. Tenho deles a memória de alguns dos melhores e mais importantes momentos da vida. Escudo, espada e punhal. E a opinião amorosa, os livros precisos e a leitura atenta. Eles são autores deste livro também. Eu sou irrevogavelmente agradecido.

Agradeço a Xangô, Ogum e Exu, que me deram Mariana, João Pedro e Chico, três filhos para contar histórias. Um é força, outro amor, o terceiro é esperança. Todos me contam histórias, como já fiz um dia e continuo a fazer. Contamos histórias juntos, e rimos juntos, e seguramos as mãos uns dos outros para poder contar novas histórias. E ficar sempre juntos. Eu sou incorrigivelmente agradecido.

Agradeço a Ogum de novo. E sempre vou agradecer. Porque uma fagulha de ferro incandescente caiu de sua forja bem perto de mim sem ferir. Ogum naquele dia dobrava metal para fazer as coisas raras. Não queria a guerra. Ogum pensava em criar beleza para enfeitar o mundo. Não era soldado nem soldador. Ogum moldava e eu ainda custo a entender sua habilidade de artista. Ogum me deu Clara, a melhor invenção de sua fornalha. E eu sou irremediavelmente agradecido.

Agradeço, por fim, aos meus mortos. E eles são muitos. Os mortos que ainda pude ver vivos; os mortos que sempre estiveram vivos, sem nunca terem chegado a ser para mim; e os mortos de que não tenho notícia de suas vidas e que estão comigo, eu sei, olhando, vigiando, sempre me afastando do mal, sempre me ensinando, mesmo quando teimo em não aprender. Obrigado, mortos meus. Eu agradeço; vivamente.

SUMÁRIO

Iboru Iboya Iboshishe! **9**

Orunmilá é um orixá **23**

O orixá que Orunmilá é **43**

O oráculo de Orunmilá **75**

Mitos de Orunmilá **107**

Saudações a Orunmilá **171**

Prevendo o futuro **191**

Bibliografia **195**

IBORU IBOYA IBOSHISHE!

Orunmilá é um orixá ainda pouco conhecido no Brasil. Muito embora existam referências à sua presença desde pelo menos o início do século XIX. Bom... essa não é mesmo uma história fácil de se contar. A chegada das religiões dos orixás em nossas terras não tem data precisa. Ela se confunde com a crônica desumana, feia e desonrosa do tráfico e da escravização de africanos, que alimentou engenhos e minas, fazendas e cidades, dinheiro e poder deste lado do Atlântico Sul. Vieram atados em correntes para o trabalho feroz exigido por seus senhores, mas com a cabeça e o peito presos também à memória dos antepassados, à devoção por seus deuses e ao amor pela terra mãe, que nunca os abandonou. Por este bruto motivo, só chegamos a saber alguma coisa a respeito desse tempo recuado graças aos fragmentos de memória que os documentos de inquéritos policiais, os registros de patrimônios particulares, a reconstrução das genealogias, permitiram prover. São peças desgastadas de um velho quebra-cabeças, que vem sendo montado há muitos anos. E que lentamente vai deixando perceber seus desenhos de encaixe.

Sabemos hoje que indícios da presença dos orixás nas cercanias de Salvador podem ser confirmados desde pelo menos o começo do oitocentos (REIS, 2003) e que a organização de um certo sistema religioso, a seu modo inovador, a partir das divindades africanas/iorubás, já se estabelecia na capital soteropolitana entre os anos da década de 1830 (SILVEIRA, 2006; CASTILLO, 2016). Xangô e Oxóssi, reis em suas terras, chegaram primeiro. Abriram caminho para que viessem os amados Exu, Ogum e Oxalá, Oxum, Oyá e Iemanjá, Nanã, Omolu e Ibeji. Orunmilá chegou também. Mas foi mais discreta sua viagem.

Conhecemos alguma coisa dos sacerdotes responsáveis pela conservação e desenvolvimento das religiões de orixás no Brasil. Contamos as histórias de fundação da Casa Branca do Engenho Velho, o Ilê Axé Iyá Nassô Oká, com as lendárias Três Princesas, *Iyá Detá, Iyá Kalá, Iyá Nassô* (SILVEIRA, 2006). Sabemos igualmente da importante atuação do babalawo Bamboxê Obitikô, Rodolpho Manoel Martins de Andrade, nesse mesmo processo de formação (CASTILLO, 2016). Identificamos Bamboxê Obitikô como homem liberto, nascido em Oyó, cidade africana da atual Nigéria, possivelmente na década de 1820; que era babalawo, sacerdote de Orunmilá, filho da divindade Xangô, senhor da justiça, herói de seu povo, deus da alegria festiva de estar vivo. Bamboxê, aliás, pode ser traduzido por *Bá mi gbé osé*, que significa "ajude-me a carregar o oxé", nome dado ao machado de duas lâminas que Xangô trás em suas mãos (BENISTE, 2019). Ele é nominalmente o primeiro babalawo de quem temos notícias em terras brasileiras, aquele a quem se atribui a organização de um sistema de consulta oracular com búzios baseado nos *Odu Ifá*, o *método Bamboxê* – isto é o que diz a tradição, mesmo que não havendo, até o presente momento, o necessário endosso através de documentos comprobatórios. E é a partir dele que começamos a pensar em uma história, não só dos candomblés em

Salvador, Recife e Rio de Janeiro, mas uma história também de Orunmilá e Ifá nesses mesmos rincões.

É bem verdade que o registro da atuação de adivinhos, suas artes mágicas e presença no universo religioso afrodescendente de Salvador, Recife e Rio de Janeiro está bem documentado. Aparece nas obras dos grandes africanistas da virada do século XIX e início do XX. Nina Rodrigues (2010) afirmava nunca ter tido contato com o sistema divinatório dos babalawos na Bahia, mas "dizem-me, todavia, que existe". Mesmo assim, descreveu minimamente como se dava a consulta através dos "cocos de dendê", de um "tabuleiro especial" para a adivinhação e de uma corrente em que se amarravam os caroços secos de manga. Manuel Querino (1938) também falava dos tais caroços de manga usados para fazer a consulta oracular a Ifá, amarrados em uma "espécie de rosário", o *opele*, de onde os babalawos retiravam o material secreto de suas adivinhações. O jornalista carioca João do Rio (1976), meio debochado, meio presunçoso, também fez referência ao jogo do *opele*, feito por babalawos, assim como Artur Ramos (1946) e Edison Carneiro (1978) fizeram, relatando a presença do "rosário de Ifá". São fragmentos de uma história muito mais complexa e que ainda precisa ser contada.

Esses relatos possuem muitas peças faltantes, de fato. E por muitas razões, é preciso dizer. Uma delas, um tanto óbvia, é que escasseiam informações mais seguras, que permitam o melhor sequenciamento dessas narrativas. E isso não poderia ser diferente. Afinal, não se escrevem as histórias – quaisquer que sejam elas – sem esse desafio fundamental e comum. Toda produção historiográfica deve ter um tanto de mistério, que vai se resolvendo com o inquérito e a imaginação. Mas tampouco podemos nos esquecer de que estamos a falar das histórias de escravizados no Brasil, de africanos e de seus descendentes, todos partilhando as limitações impostas pelo mesmo sistema desapiedado de exploração de mão de obra. Portanto, não é para se admirar que aqueles sacerdotes tenham cedido tão poucos vestígios de suas passagens, sendo bem difícil compor suas biografias. E mais uma vez: isso não pode ser visto com estranheza. É essa mesmo a condição imposta pelo esforço de reconstruir o passado, ainda mais quando falamos dos escravizados, seus deuses, suas crenças e seus devotos. A história das religiões afrodescendentes é também a história da escravidão, sendo seu inverso frequentemente verdadeiro, impondo-se as mesmas condições atávicas de silenciamento, violência e preconceito estrutural.

Outra razão para pensar nos desafios dessas histórias feitas aos pedaços é que a natureza da presença de babalawos no Brasil foi, até bem pouco tempo atrás, **pontual** e **episódica**, **acessória** e **descontinuada**. E me explico: **pontual** e **episódica**, porque só conhecemos alguns poucos nomes daqueles sacerdotes de Ifá atuando nos principais centros urbanos brasileiros ao longo de quase um século de história, aproximadamente entre 1830 e 1920. Ela é também **acessória** e **descontinuada**, na medida em que nenhum dos babalawos dos quais temos notícias naquele período criou uma linhagem religiosa a partir de Ifá. Ou seja, não iniciaram outros babalawos no Brasil e, dessa maneira, não geraram descendências sacerdotais que pudessem ser inventariadas. Pelo menos é o que alcançamos saber até o momento em que escrevo estas palavras.

É preciso dizer que coisa bem diversa ocorreu entre as casas mais tradicionais de Salvador, Recife e Rio de Janeiro, cujas heranças religiosas afrodescendentes podem ser remontadas até pelo menos o século XIX, mesmo considerando todas as dificuldades para a realização desta tarefa. Isto nos faz pensar que, no Brasil, as religiões de orixás prosperaram, fundamentalmente, com as *iyalorixás* (mães de santo) e os *babalorixás* (pais de santo). Prosperaram sim, no sentido de haverem resistido, sobrevivido e continuado no corpo e nas histórias daqueles que foram e continuam sendo iniciados nos terreiros brasileiros há quase dois séculos. Foram estes sacerdotes de orixás os grandes responsáveis pela conservação, perseverança e adaptação de conhecimentos religiosos africanos no Brasil, bem como pela composição de focos de combate contra a escravização, o preconceito, o abuso e a discriminação sempre sofrida por suas descendências. Estou falando de ajustes, reinvenções e manutenções do sagrado, passando por práticas litúrgicas, pela sabedoria das histórias míticas e pelo sofisticado pensamento filosófico que possuem. Nestes casos, a participação de babalawos – quando havida – foi, como disse, no máximo **acessória**, auxiliar, assistencial, tendo alguns deles participado das dinâmicas internas dos terreiros tradicionais, das consultas oraculares mais importantes – como a sucessão religiosa das casas, a definição dos orixás que deveriam ser *raspados* nas cabeças de seus filhos –, sendo muitas vezes lembrados como grandes sacerdotes do passado, que legaram aos *mais velhos de santo* parte do que conheciam. Talvez advenha daí um tanto da memória e da mística em torno daqueles babalawos, e também um certo sentimento de perda, de alguma coisa que se extraviou no curso dos tempos.

Através de trabalhos de antropólogos e historiadores, conseguimos recompor algo sobre a presença destes sacerdotes de Ifá, particularmente em Salvador, ao longo de todo o século XIX e início do XX (AYOH'OMIDIRE; AMOS, 2012; BENISTE, 2019; BRAGA, 1995; REIS, 2003, 2008). Os babalawos Domingos Sodré, Martiniano Eliseu do Bonfim e Felizberto Sowzer jamais conseguiram construir linhagens sacerdotais a partir de Orunmilá e de sua influência. E talvez nem tenham sido essas suas intenções. Temos notícia, porém, de que consultavam o oráculo de Ifá, que auxiliavam as casas mais importantes do candomblé baiano, pernambucano e carioca, mas que interromperam suas atividades e presenças em algum momento entre os anos da década de 1920. O sociólogo francês Roger Bastide deixou registrada sua decepção quanto a isso no final dos anos 1950, quando disse que, na Bahia, há muito tempo já não podiam mais ser encontrados os babalawos (BASTIDE, 1961). Em outro texto, Verger e Bastide (2002) lamentavam esse desaparecimento indagando "o que resta, na Bahia, dessa antiga glória?"

É difícil saber. Bastide (1961) contava que seus informantes o haviam advertido sobre a "vida mundana" dos jovens baianos de sua época, que era incompatível com as exigências impostas pela opção sacerdotal e o difícil aprendizado da iniciação a Ifá. Talvez. Mas a boemia de Salvador dos anos 1950, gostosamente enaltecida por Jorge Amado, Carybé e Dorival Caymmi, não poderia ser um obstáculo tão grande assim. Creio ser mais provável acreditar na repreenda moral dos informantes de Bastide – quem sabe em um saudosismo dos "velhos tempos", em que andavam pelas ruas da Cidade Baixa os africanos que detinham o conhecimento de seus ancestrais – do que em uma explicação razoável para o fenômeno que ele investigava. Mas não resta dúvida de que os desafios dos babalawos eram muito grandes: conseguir tudo o que fosse necessário para as cerimônias de iniciação – o que já não é pouco –, criar condições de infraestrutura para sua realização, esconder-se dos olhos vigilantes da polícia e ainda instruir os neófitos. E tudo isso sem criar indisposições pessoais, políticas ou místicas com as mães e os pais de santo da cidade. Então, os babalawos desapareceram do Brasil. E com isso, Orunmilá foi esquecido. Por um tempo.

Não posso deixar de dizer algo muito importante aqui. Conversei recentemente com o professor Reginaldo Prandi sobre este assunto do esquecimento de Orunmilá entre nós brasileiros. Prandi me fez recordar que no Terreiro de Pai Adão, também conhecido como o Ilê Obá Ogunté, no Recife, Orunmilá não deixou de ser cultuado. E ainda hoje o é. O Sítio da Água Fria, como também se faz conhecido, é a mais antiga casa de rito nagô de Pernambuco. Foi fundado em 1875 pela africana Inês Joaquina da Costa (Tia Inês, ou Ifá Tinuquê) e tombado pelo Instituto do Patrimônio Histórico e Artístico Nacional (Iphan) em 2018. A atenção que precisa ser dada a esta notícia da permanência de Orunmilá em terras pernambucanas, porém, é que por lá ele sobreviveu como um deus cultuado sem a presença de um sacerdócio específico, ou seja, sem a atuação de babalawos. O que significa dizer que as práticas oraculares, próprias desta deidade, ou foram perdidas ou foram adaptadas às condições de seu relativo esquecimento. Tanto quanto pude apurar, Orunmilá é festejado atualmente em Recife, em associação com outras divindades, como Oxum e Yemanjá, homenageado através de cantigas, oferendas diversas e comidas votivas, além de se haverem preservado e ajustado suas histórias tradicionais e de também participar dos cerimoniais de "dar de comer à cabeça", conhecidos pelo nome "bori". Estas informações não invalidam o que disseram tantos pesquisadores sobre o tema do esquecimento de Orunmilá, o desaparecimento de seu sacerdócio e as adaptações de seu conhecimento oracular. O professor Prandi – a quem agradeço imensamente por estas e outras indicações preciosas – disse-me, referindo-se a estas circunstâncias, que Orunmilá vive no Terreiro de Pai Adão "muito isolado, muito sozinho; como uma joia rara". Estas são condições que vêm se alterando com o tempo (PRANDI, 2020).

Na década de 1970, estudantes universitários nigerianos começaram a chegar às cidades de São Paulo e Rio de Janeiro (CAPONE, 2005). Trouxeram consigo o idioma dos ancestrais africanos, que poderia ser ensinado agora em cursos livres para os muitos interessados; trouxeram artigos religiosos, raros naquela ocasião, como *obi*, *orogbo* e *ekodidé*; e trouxeram também um certo entusiasmo com a religião tradicional dos iorubás, revitalizada por trabalhos de grandes autores, naquela época recentes, como os de Idowu (1996), Bascom (1969) e Wande Abimbola (1997). Aliada a isso, a independência nacional da Nigéria, conquistada poucos anos antes, em 1960, alimentava o fortalecimento da identidade através do resgate das tradições. Isso parecia combinar perfeitamente com os religiosos brasileiros, sedentos à sua maneira, que desejavam abraçar a tradição, reencontrando suas "verdadeiras raízes". Havia, então, um "mercado" potencialmente interessante a ser explorado. Muitos desses estudantes retornaram à África, realizaram cerimônias de iniciação por lá e retornaram ao Brasil, com o gabarito necessário para a instrução religiosa que pretendiam realizar. Esses nigerianos fizeram algumas cerimônias de iniciação em Ifá no Brasil (PRANDI, 2003), mas não criaram novas linhagens por aqui. Ou, dizendo de outra forma, não criaram linhagens brasileiras: trouxeram e estenderam as linhagens africanas no Brasil.

No início dos anos 1990, chegou ao Rio de Janeiro o babalawo cubano Rafael Zamora. E com ele as coisas começaram a mudar. Já em 1992, Zamora realizou a primeira cerimônia de iniciação a Ifá no Brasil, um "barco" de *Awofakan*, do qual participaram sete neófitos, entre eles a primeira *Iyapetebi* brasileira, Lúcia Petrocelli Martins, e seu esposo, Adilson

Antônio Martins, o saudoso Adilson de Oxalá. Só para um rápido esclarecimento, esta é uma cerimônia que consagra um dos primeiros estágios de iniciação em Ifá, sendo identificados os homens a partir de então como *Awofakans* e as mulheres como *Iyapetebis*. Em agosto daquele mesmo ano, Zamora consagrou em Cuba o primeiro babalawo brasileiro, Alberto Chamarelli Filho, Ifá Ladê (ESTEVES, 2019). Em pouco mais de dez anos, a capital fluminense se viu tomada por dezenas de novos sacerdotes de Ifá. Outros babalawos cubanos, como o notável Wilfredo Nelson (2002), vieram também para a cidade carioca, ali se estabeleceram e geraram um novo campo religioso, fortemente influenciado por eles. A partir desse momento, as linhagens brasileiras dos sacerdotes de Ifá começaram a ser formadas, sendo, portanto, muito recente este fenômeno de revitalização. Para que se tenha uma ideia disso – e tanto quanto pude apurar até o presente momento –, os primeiros babalawos brasileiros, *feitos* no Brasil, na cidade do Rio de Janeiro, em uma cerimônia integralmente realizada por sacerdotes de Ifá brasileiros, foram consagrados no dia 11 de março de 2001: os cariocas Antônio Wagner, Ifá Korede, e Rodrigo Sinoti, Ifayode. Nesta ocasião, Wilfredo Nelson esteve presente sim, mas apenas nos últimos dias da iniciação. De qualquer maneira, com os babalawos, o nome de Orunmilá voltou a ser lembrado.

Na verdade, algumas publicações brasileiras, anteriores à década de 1990, já mencionavam Orunmilá entre as divindades iorubás. E entenda: os clássicos sobre as religiões afrodescendentes, de Nina Rodrigues a Roger Bastide, referiam-se a Ifá. O nome Orunmilá simplesmente não aparece entre aqueles escritos. Esse silêncio parece ter sido rompido por um pequeno e pouco citado livro de Elyette Guimarães de Magalhães, *Orixás da Bahia*, publicado originalmente em 1973. Neste volume, a autora dizia que "Ifá ou Orunmilá é o dono da adivinhação. Suas vestes são brancas e ele usa o opelê para responder às perguntas no jogo das adivinhas. Leva consigo um saco contendo cocos de dendê" (GUIMARÃES, 1977). Não mais que isso. Salvo engano, seria a primeira referência a Orunmilá no Brasil.

Antes que a década de 1970 chegasse ao fim, a museóloga e educadora rio-grandense Olga Gudolle Cacciatore (1988) publicava, em 1977, sua obra mais destacada, o *Dicionário de cultos afro-brasileiros*. Fruto de anos de trabalho como consultora e pesquisadora do Museu de Artes e Tradições Populares, o Dicionário de Cacciatore reuniu cerca de 2 mil verbetes sobre as mais diversas denominações religiosas de matrizes africanas, tanto no Rio de Janeiro quanto na Bahia. Além do levantamento bibliográfico que sustentou seu texto, a autora realizou inúmeras entrevistas com sacerdotes, iniciados e frequentadores de variadas casas de Umbanda e Candomblé, além de "baianas quituteiras", capoeiristas, comerciantes de artigos religiosos e um "babalaô paulista (iniciado-erudito, com 'cabeça feita' no keto)" (CACCIATORE, 1988, p. 21). Caciattore não deixou de incluir Orunmilá e Ifá entre seus verbetes, tratando-os corretamente como orixás. É de se notar, porém, que as informações sobre Orunmilá foram bem poucas, ainda que não tenha deixando passar despercebida a relação existente com Ifá ("é sua palavra e mensageiro da luz [...] e ao mesmo tempo é ele próprio"). Mesmo assim, chama a atenção o fato de a autora confundir a identidade de Orunmilá, dizendo ser "um dos nomes do Deus supremo, criador, ligado ao destino do mundo" (CACCIATORE, 1988, p. 198). Esta imprecisão é estendida para os verbetes sobre Olodumare, Olofin e Olorun, quando estas divindades são apontadas como outros nomes, ora de Ifá, ora de Orunmilá (CACCIATORE, 1988, p. 192). Falaremos sobre os nomes de Orunmilá mais adiante.

Seis anos mais tarde Pierre Verger publicou um de seus textos mais importantes, *Orixás, deuses iorubás na África e no Novo Mundo*, de 1983. Apesar de incluí-lo no corpo do livro, Verger afirma que Orunmilá não é um orixá, o que decepciona e entristece. Segue argumentando que "a iniciação do babalawo não comporta a perda momentânea de consciência que acompanha a dos orixás [...]. É uma iniciação totalmente intelectual" (VERGER, 2002, p. 126). De fato: os sacerdotes de Ifá não passam pelas mesmas condições iniciáticas dos filhos de outros orixás. Muito embora alguns babalawos relatem um estado especial de consciência, não equivalente à possessão ou manifestação, algo como uma *sintonia inteligente* com Orunmilá (IFÁKOYA, 2021). Além do mais, todos os filhos de Orunmilá são "filhos adotivos", por assim dizer. Afinal, os babalawos possuem filiação com um orixá, como Exu, Xangô, Iemanjá, Oxum ou Oxalá, mas se iniciam em Ifá, tornando-se filhos também de Orunmilá. Com todo o respeito a Verger, esse não pode ser o argumento que o desqualificaria como um orixá. Procurei desenvolver essa ideia ao longo deste ensaio.

Nos anos seguintes foram publicados no Brasil outros livros que traziam mais informação sobre Orunmilá, como *Deuses da África e do Brasil: candomblé e umbanda*, de Sangirardi Júnior (1988), e *Ifá: a testemunha do destino e o antigo oráculo da terra do yorubá* (ADESOJI, 1991). Em ambos os casos, podemos nos informar mais e melhor sobre Orunmilá – sendo tratado, aliás, acertadamente como orixá. Sangirardi Jr., apesar de reservar pouco mais de cinco páginas de seu livro à divindade do oráculo, mencionava corretamente a perda de espaço religioso dos babalawos e a substituição de Orunmilá-Ifá por Exu, e, de maneira correspondente, o *opele* pelo *erindilogun*, referindo-se à proeminência de mães e pais de santo brasileiros e ao jogo de búzios (SANGIRARDI

JÚNIOR, 1988, p. 113). Por sua vez, o pesquisador nigeriano Ademola Adesoji avançou mais um pouco, oferecendo referências aos *Odu Ifá* e à iniciação dos babalawos (ADESOJI, 1991). Desde então, as publicações se tornaram mais constantes e cada vez mais consistentes também.

Orunmilá ainda não é muito conhecido no Brasil. E sua introdução por meios litúrgicos ou intelectuais, a partir dos anos 1990, acabou gerando mais conflitos e tensões no campo religioso afrodescendente brasileiro do que seria desejável esperar (CAPONE, 2011a). Problemas relativos à autoridade sacerdotal, disputas do "mercado religioso", além de inúmeros confrontos pessoais, acabaram por fazer parte desses novos tempos. De maneira análoga, porém, o progresso intelectual que sua presença tem ajudado a promover, tanto nos meios religiosos afrodescendentes quanto nos ambientes acadêmicos, sugere que o orixá Orunmilá ganhou um pronunciado destaque nos últimos anos. E, ao que parece, essa é uma história que só começa a ser contada.

Bem, este é um ensaio que trata de Orunmilá. Por este motivo me esforcei em ter muito cuidado no manejo das palavras, para que elas pudessem ter tanto beleza quanto perspicácia, como exige o respeito que devotamos a essa divindade. Espero, fortemente, que o leitor paciente e interessado possa encontrar nas próximas páginas o estímulo necessário para novas pesquisas e aprendizado.

Ah! Mais umas coisinhas: as cores de Orunmilá são o verde e o amarelo – para a tradição cubana – ou o verde e o marrom (ou terracota) – para a tradição nigeriana. O dia de Orunmilá é o 4 de outubro, graças a um curioso sincretismo realizado pelos cubanos, associando-o a são Francisco de Assis. A causa que pude apurar desse fenômeno me foi dada em razão da humildade e da abnegação do santo cristão, e não exatamente pelo cuidado que tinha com os bichinhos.

A principal festa de Orunmilá é a da revelação do *Odu do Ano*, ou como tratam os cubanos, a *Letra do Ano*. Trata-se de um grande conjunto de cerimônias que culminam com a revelação de previsões gerais para os 365 dias seguintes. Na Nigéria, a data coincide com a época da colheita dos inhames novos, em junho; em Cuba ocorre no dia 31 de dezembro; e no Brasil, desde de 1996, é realizada por Rafael Zamora e por seus herdeiros espirituais, na segunda quinzena do último mês do ano. Por fim, Orunmilá gosta de galinhas pretas, bananas em finas tirinhas, fritas no azeite de dendê, e também de um doce delicioso, feito a base de leite, farinha de milho e coco, chamado lelê. Para Orunmilá dizemos: *Iboru Iboya Iboshishe*, ou *Aboru Boyè!* Para Orunmilá pedimos inteligência e sabedoria. Para Orunmilá suplicamos ter a amizade de nossos próprios destinos. Para Orunmilá eu peço: *Orunmilá, bá mi soro!* Orunmilá, fale comigo!

ORUNMILÁ É UM ORIXÁ

Orunmilá é um orixá. Dizer isso não explica muita coisa. Ao contrário, talvez agrave o que se pode requerer como questão de princípio. Porque, antes mesmo de alcançar alguma compreensão sobre Orunmilá, assumir, como sua condição definidora, a legenda proclamada de *orixá* traz verdadeiramente uma série de problemas. Um deles é reconhecer que, quando ouvimos a palavra *orixá*, admitimos um suposto entendimento sobre a matéria, como se estivéssemos tratando de algo bem estabelecido, com conteúdo conceitual aceito por todos, que é compartilhado socialmente, experimentado pessoalmente, vivenciado culturalmente, de tal maneira a poder ser reconhecido como algo trivial, comum e ordinário. Ou, dizendo de outra maneira, que todos sabemos perfeitamente do que se trata quando falamos de *orixá*. Bem... isso é mentira. E é muito provável que este seja o primeiro grave engano.

É preciso dizer que não quero tratar aqui das muitas variáveis que envolvem a palavra *orixá*. Não quero abrir qualquer polêmica em torno do completo desconhecimento do termo, que em última instância provoca a intolerância e a violência dos brutos e dos selvagens, ou as manifestações superficiais e carnavalescas dos tolos e dos desavisados. Em ambos os casos, o conteúdo mais profundo do que vem a ser *orixá* não é sequer tangenciado. Então, não vou falar agora das abominações que levaram Exu a se tornar o demônio repulsivo dos cristãos, nem os complicados caminhos que fizeram Oxum surgir com o corpo dourado de purpurina em desfile de escola de samba, nem os estranhos arrepios dos devotos-por-um-dia de Iemanjá, levando seus barquinhos para a beira do mar quando chegam o *réveillon* e o 2 de fevereiro. Mesmo porque, se entendidos como expressões, adaptações, manifestações da cultura, Exu, Oxum e Iemanjá são também o diabo, a passista e a sereia (BOFF, 1994; FERRETTI, 1995). Mas não é disso que vou falar aqui.

Da mesma maneira devo lembrar que este ensaio não pretende abordar diferentes modalidades afrodescendentes que ocorrem no Brasil, para fazer algum juízo geral sobre o que entendemos ser *orixá*. Este seria o trabalho para uma vida ou duas, e ainda assim não haveria tempo suficiente para dar conta da extraordinária riqueza destas manifestações religiosas. Os candomblés keto e nagô, ou keto-nagô, jeje, ou o complexo jeje-nagô, o candomblé congo, angola, ou congo-angola, e igualmente a umbanda, o tambor de mina, o xangô de Recife, o batuque, sem mencionar o catimbó, a quimbanda, o omolocô e outras tantas variações de crenças herdadas – recombinadas, reconfiguradas, reconstruídas, readaptadas – dos africanos e compartilhadas por suas descendências, todas possuem formas sabidamente diversas de responder ao questionamento sobre o que vem a ser *orixá* (CACCIATORE, 1988; KILEUY; OXAGUIÃ, 2009; LOPES, 2020; SANGIRARDI JÚNIOR, 1988). Todas a seu modo sincréticas; todas adaptadas às condições da diáspora execrável e da escravização desumana; todas honradas com o galardão dos que resistiram e fizeram sobreviver suas crenças para as novas gerações. E igualmente, todas muito ciosas de suas origens, de suas histórias de fundação, de suas genealogias, de suas identidades e, em muitos casos, de sua pureza, buscando a África como quem deseja o colo amável da mãe e o reconhecimento orgulhoso do pai (CAPONE, 2005; DANTAS, 1988). De tal maneira que não poderá haver uma só resposta ao que se quer saber sobre *orixá* e sua possível definição.

Não é mesmo tarefa das mais fáceis. No entanto, podemos começar admitindo – não sem atrevimento – que **os orixás são deuses de um grande panteão de origem iorubá**. Dito assim parece que temos tudo resolvido: com isso sabemos que os orixás são deuses, sabemos que formam um grande panteão e sabemos também de sua origem iorubá. Mas a verdade é que continuamos a saber bem pouco. Aliás, bem longe de saber alguma coisa, ainda tropeçamos em alguns problemas quase imperceptíveis. Essa pequena e destacada frase, com a pretensão definidora dos bons artifícios conceituais, que tanta gente aprecia e crê, essa frase tem algumas armadilhas perigosas, escondidas da primeira à última palavra. Tendo isso em mente, quero começar pelo fim.

O uso do gentílico *iorubá* não é consenso, nem entre os estudiosos da religião nem entre os especialistas em história dos escravizados trazidos da África para as Américas. De forma geral, a maioria dos pesquisadores entende que a etnia – ou nação, ou grupo linguístico – iorubá é uma construção histórica, possuidora de marcos temporais igualmente polêmicos para sua definição (HOLBAUER, 2003), e de uma complexa *etnogênese*, marcada pela forte influência do cristianismo e do islamismo (PEEL, 2011). É verdade que os inúmeros povos que habitavam a região do Golfo da Guiné na África Ocidental – particularmente na porção de terra que se estendia entre os rios Níger e Ogun – partilhavam práticas de agricultura, metalurgia, comércio, usos do idioma, história, cosmogonia e cosmologia. Mas não reconheciam a si mesmos sob a legenda étnica *iorubá* (OLIVA, 2005). Contribuiu para tanto o fato de haverem constituído cidades-estado em boa parte daquele extenso território. Este tipo de organização política gozava de grande autonomia administrativa e institucional, sendo comum a presença de reis e príncipes multiplicados em número quase infinito de casas monárquicas. O que chama a atenção aqui é que os cidadãos de Keto reconheciam a si mesmos como *keto*; os cidadãos da cidade de Oyó sabiam-se *oyó*; os cidadãos de Oxogbô, *oxogbô*, e assim por diante. Cada uma destas cidades, aliás, com seus próprios *deuses patronos*: em Keto, Oxóssi; em Oyó, Xangô; em Oxogbô, Oxum. A percepção de que faziam parte de algo maior, de uma etnia *iorubá*, só teria ganhado sentido no tempo da luta contra o inimigo comum, o povo daomeano, a partir da segunda metade do século XVIII (OLIVA, 2005). Ou seja, a própria percepção do assim chamado povo iorubá era, em princípio e por definição, heterogênea e multifacetada; ou talvez, e ainda mais grave, ilusória. A questão, porém, não se basta com esta abordagem.

Outros autores afirmam que a identidade iorubá foi constituída pela proximidade de populações islâmicas, mais ao norte da atual Nigéria, o que forçou alianças contra seus adversários religiosos (VERGER, 2002); outros apontam uma identidade forjada pelas circunstâncias que se apresentaram no Brasil, particularmente por conta do frequente hábito de se rebelarem os escravizados contra seus senhores soteropolitanos na primeira metade do século XIX (REIS, 2003). Já o historiador nigeriano Ebiegberi Alagoa (2010) argumenta em favor da relevância político-religiosa de Ilê-Ifé, cidade que se assume como o centro do mundo iorubá, lugar em que seus reis "recebiam a coroa ornada de pérolas", e de onde partiria certa unidade constituída em torno da figura mítica de Oduduwa. Mas também devemos levar em conta a hipótese de que comerciantes iorubás, interessados no crescente comércio de artigos religiosos no final do século XIX entre Lagos e Salvador, teriam se valido de sua suposta e autoproclamada "superioridade étnico-religiosa" em relação aos bantos para garantir com isso bons preços para seus produtos, fortalecendo uma identidade até então frágil ou mesmo inexistente (BRAGA, 1995; MATORY, 1998). O antropólogo John D. Y. Peel (2011) torna ainda mais complexa esta percepção, indicando as injunções religiosas, notadamente cristãs e islâmicas, para a "inacabada fabricação" da identidade iorubá. Sem mencionar o fato de que os britânicos, nas últimas décadas do século XIX, chamaram, de maneira genérica, a região mais ao sul do Golfo da Guiné de *yorubaland*, iorubalândia, a terra do povo iorubá, contribuindo ainda mais para a confusão, simplificação e generalização em torno do tema.

Entenda, não é nada fácil ter certeza do que estamos a dizer quando usamos no Brasil expressões como *povo iorubá*, *cultura iorubá* ou *religião iorubá*. Aliás, para ser bem sincero e claro, é muito provável que ninguém, com responsabilidade e critério, saiba a essa altura *exatamente* do que se trata. Ou, dizendo de outra maneira, não podemos nos fiar em uma exclusiva e definitiva compreensão. São muitas as possibilidades de abordagem do assunto. E não somente no que diz respeito às tentativas de apontar suas raízes históricas. Não. Bem pior que isso, hoje em dia talvez seja ainda mais complicado esse desafio de identificação por conta dos muitos interesses que estão em jogo quando se reivindica o *iorubá* como *insígnia* (ATHAYDE, 2018), bem como de um crescente processo de expansão transnacional dos iorubás (CAPONE, 2011b) ou de seu inacabado processo de formação de identidade (PEEL, 2011). E, afinal, cada uma delas detém um tanto da verdade que todos parecem procurar; e cada uma a seu modo é também integralmente verdadeira. O que digo não só aponta para a multiplicidade de interpretações da história do gentílico *iorubá*, mas principalmente para as disputas em torno de suas *origens*. O que nos leva ao segundo ponto.

Gosto de pensar que quem quer que se determine a buscar uma *origem*, do que quer que seja, encontrará inevitavelmente. Porque o questionamento sobre a origem, qualquer que seja ela, tem como princípio a ideia de que a origem, seja ela qualquer uma, existe como algo a ser encontrado. Redundante, não é? Pois este é o primeiro problema sobre a origem e a busca da origem: é a certeza de sua existência, ou mais grave, é a busca pela confirmação do que já se conhece, ou se supõe conhecer.

Entre outros caminhos possíveis de interpretação, a busca pela origem é a busca pelo *princípio*. Corresponde à curiosidade muito básica de saber de onde as coisas vieram e como chegaram a ser o que são. Dessa forma, a busca pela origem, enquanto princípio, apresenta-se diante dos tempos como o elo que amarra o passado ao presente e ao futuro. A origem, então, conta a história de quem busca a origem. Garante a *legitimidade*, afirma a *autenticidade* e fortalece os laços de *parentesco* com aqueles que têm também a mesma origem atribuída – ou autoatribuída. A origem, assim, vai se tornando prima-irmã da *tradição*, na medida em que idealiza um tempo no princípio dos tempos, em que haveria certa *pureza*; um tempo que foi perdido, porque afinal passou, mas que ainda se pode entrever através dos que receberam sua *herança*. A busca pela origem é a busca de uma afirmação identitária. E, muitas vezes, uma perigosa afirmação identitária.

Dizer, portanto, que os orixás são de origem iorubá traz alguns problemas. Mas, antes de seguir adiante, é preciso dizer que a origem dos orixás é iorubá sim – pelo menos a maioria daqueles que conhecemos no Brasil –, mesmo levando em conta todas as ressalvas que fiz. Afinal, é lícito pensar que as tradições ou são inventadas (HOBSBAWM, 1998) ou são adaptadas (BARTH, 1989). A questão não é essa, evidentemente. Entretanto, o que está em jogo aqui é o que sabemos sobre o que achamos saber quando usamos o gentílico iorubá como identificação; e por que a origem não é sequer questionada enquanto intenção, enquanto busca e, talvez e ainda pior, enquanto achamento. Dizendo de outra forma, os deuses africanos que chamamos de orixás chegaram ao Brasil com uma série de entrecruzamentos religiosos muito provavelmente impossíveis de serem conhecidos. Entrecruzamentos esses ocorridos em solo africano e que já haviam se perdido no tempo em que aportaram nos litorais de Salvador, Recife e Rio de Janeiro. Chegaram por aqui com justaposições culturais, que foram tomadas muitas vezes como puras, por desconhecimento e por conveniência, e ainda produziram outras, no contato com africanos de origens diversas e com as novas condições que o espaço brasileiro ia criando (MATTOSO, 2001; REIS, 2003; SILVEIRA, 2006).

O que quero dizer, na verdade, já foi dito antes (CAPONE, 2005; DANTAS, 1988). Mas é ainda necessário repetir: não existe pureza, de qualquer espécie. A religião de orixá é uma religião diaspórica que, em sua longa história – história de tanto sofrimento, de tanta coragem e de tanta beleza –, conheceu um sem-número de adaptações conceituais, litúrgicas e até cosmogônicas. De tal maneira que não se pode admitir mais o engano ou a mentira sobre a suposta pureza das religiões afrodescendentes que ocorrem no Brasil, ou em Cuba, Haiti, em outras Américas, e mesmo na costa ocidental africana, em particular a religião de orixá. É preciso acreditar nos deuses – não importando se chegaram até nós com a ilusória pureza dos africanos, ou as assumidas metamorfoses caribenhas e brasileiras –, porque o importante mesmo, como sempre lembra o babalawo carioca Rodrigo Ifayode Sinoti, é saber que *os deuses acreditam em nós*. Então, é preciso acreditar em Exu, Ogum, Iemanjá, Oyá, Oxum e Oxalá; e da mesma maneira é preciso amar os caboclos e pretos-velhos, os boiadeiros e os marinheiros, os ciganos e as pombas-giras, os exus e, claro, seu Zé Pelintra; é preciso respeitar os encantados, os inquinces e os voduns. E acreditar em todos eles, acreditando que eles acreditam em nós. Então não caberá neste livrinho a maldade dos iconoclastas nem a falsidade dos puros. Além de um profundo sentimento de respeito e da certeza muito humilde na própria ignorância, o que vai se escrevendo aqui é um pequeno manifesto de tolerância religiosa. E, com isso, passo ao próximo problema que apontei páginas atrás.

Deuses, não é? Deuses de um *grande panteão*, foi o que disse. Mesmo supondo que o termo *panteão* sugira o pertencimento ao mesmo e original grupo de divindades, o que, aliás, é igualmente discutível, ou até insustentável para o caso iorubá (DIAS, 2016). Como havia dito antes, o culto aos orixás respeitava uma conduta regional, relativamente subscrita a cidades-estado, de tal forma que usar *panteão* como um modo de agrupamento em uma religião iorubá unificada, sistematizada, centralizada, constitui, muito provavelmente, um grave equívoco. Ou, antes, um esforço de missionários cristãos para organizar e unificar as expressões religiosas que encontravam entre os iorubás a partir do século XIX. Quero voltar a esse tema mais adiante. Por ora, é presumível pensar que seja este o tema de maior interesse aqui: os orixás são deuses. Deuses, como todos aqueles outros que também são deuses, das grandes mitologias europeias, orientais e norte-americanas, que enriquecem os estúdios de cinema, que abarrotam as prateleiras com livros de ficção e fascinam com o colorido das revistas em quadrinhos. Então os orixás são deuses, como todos os outros são, mas sem o mesmo sucesso midiático, sem o mesmo apelo no imaginário coletivo, sem a universalização ou o privilégio que têm os deuses gregos, nórdicos – principalmente – e também egípcios, hindus, iroqueses e hopis. E um argumento para essa enorme diferença é bem conhecido: o racismo estrutural contra as tradições culturais de matrizes africanas – em particular da África subsaariana – e afrodescendentes. Porque, de resto, os orixás são deuses, como todos os outros deuses são. Então, é preciso definir bem o que estou dizendo aqui quando me refiro aos deuses.

A pergunta *o que é um deus?* não deveria sequer ser formulada. Porque esse é um conhecimento que todos deveriam possuir; ou pelo menos todos aqueles que dizem acreditar em deuses (OTTO, 2006; VERNANT, 1989; VEYNE, 1984). Não consigo imaginar os gregos antigos, os nórdicos ou os iorubás de antanho fazendo esse tipo de questionamento sem perderem seu tempo ou sua vida. Mesmo assim, cabe aqui uma rápida caracterização. Deuses são criaturas extraordinárias, dotadas de aspectos *super-humanos* ou *supra-humanos*; ou seja, que possuem poderes que excedem as capacidades humanas ou que estão além das capacidades humanas. Para que fique ainda mais claro, os exemplos são sempre bem-vindos: então, possuir a força de mil homens, ter a inteligência superior à de qualquer gênio da história, ser capaz de correr rápido demais, ou ser dono da eterna juventude e da beleza nunca corrompida, esses são poderes tipicamente *super-humanos*. Dizendo de outra maneira, são todas as capacidades humanas que conhecemos bem, físicas, atléticas ou intelectuais, excedidas para além do normal. Mas ter o benefício ou a maldição da imortalidade, poder voar pelo espaço e planar sobre as nuvens sem o auxílio dos artifícios tecnológicos, metamorfosear os próprios corpos ou transformar a realidade em seu redor, esses são poderes *supra-humanos*. Poderes que nenhum de nós é capaz de alcançar, mesmo que muitos de nós desejemos ser agraciados por seu benefício.

Além dessas qualidades soberbas, os deuses criam e cuidam de suas criações; ou ainda, cuidam das criações a eles atribuídas. Entre as artes inventivas dos deuses estão o universo, o mundo visível – e tudo o que nele possa caber – e o mundo invisível – e tudo o que a imaginação e a crença nele depositem. Ou seja, a criação dos deuses é a Criação. Não por acaso, eles podem ser responsáveis por tudo, como nas tradições *monoteístas*, ou podem dividir seus deveres, como nas tradições *politeístas*.

Deuses de religiões monoteístas são definidos, na maioria das vezes, como onipresentes, oniscientes e onipotentes. Isto quer dizer que são capazes de estar em toda a parte simultaneamente, de conhecer tudo sobre todas as coisas, e dispor de poder infinito, absoluto, ilimitado, tanto no que diz respeito à faculdade de criar ou destruir, quanto ao direito de governar sobre sua criação. Não precisam se valer de ajudas acessórias para a boa administração do mundo por eles inventado: dão conta de toda a realidade conhecida sem mediação ou dificuldade. Seus poderes e suas capacidades estão muito além da acanhada compreensão dos humanos, e são, de certa maneira, respostas às percepções da pequenez diante do mundo – como impotência e escala – e da finitude – seja a individual ou a escatológica.

Já os deuses politeístas são, em sua maioria, gestores particulares de inúmeras formas de relação do homem com o mundo. Possuem geralmente o duplo caráter anímico e antropomórfico, relacionando-se, portanto, a alguma manifestação da natureza, ao mesmo tempo em que se identificam com aspectos de conduta particular ou coletiva. São deuses do trovão que cuidam da justiça, deuses da água que cuidam da família, dos filhos e da geração de vida, deuses das profundezas da terra e dos oceanos que cuidam da saúde, deuses do ferro que cuidam da tecnologia e da guerra, deuses da tempestade e do vento furioso que cuidam da defesa dos filhos injustiçados. Suas energias podem ser manipuladas para criar ajustes de equilíbrio aos homens, realizar desejos grandes ou pequenos, promover o bem-estar, a prosperidade, o nascimento de filhos, a colheita generosa, enfim, a busca da felicidade possível no mundo.

Deuses não deveriam ser questionados, criticados, ameaçados ou postos em dúvida. Não deveriam, sob pena de perderem-se os deuses e danarem-se os humanos, de muitas maneiras diferentes. Mas parece que a história da crença é também a história do ceticismo, da heresia e da afronta. Digo isso porque os deuses sempre foram postos na tribuna dos réus, de um jeito ou outro, apontados por seus supostos excessos ou desvios. Dos deuses monoteístas é comum ouvir a acusação sobre seu caráter centralizador, despótico, severo, intolerante e vingativo; ao contrário, dos panteões politeístas já se ouve falar da índole dissoluta, pervertida, do temperamento bruto, dado à violência, da disposição irrefreada à guerra, à bebida, à festa e ao sexo. Se for possível deixar os preconceitos um pouco de lado, a conclusão que se pode chegar com alguma singeleza é que todos os deuses são demasiado humanos, mesmo levando em conta a excepcionalidade de suas naturezas. E esta *humanidade divina* – ou *divindade humanizada*, como queiram – não é nada mais nada menos do que se pode esperar dos ambientes culturais em que os deuses e as religiões criadas em seu entorno autorizam. Portanto, é permitido dizer que os deuses, todos eles, são tão divinos quanto são humanos, não importando se o critério para crer em suas existências tiver base nas teogonias ou no pensamento antropológico. Sem cair em contradição, a existência dos deuses é tanto uma questão de fé quanto de lógica.

Deuses demasiado humanos, de alguma maneira todos são. Isto tornaria irrelevante o questionamento acerca de sua substância singular ou múltipla. Mas esse não é o caso dos deuses que chamamos orixás. Porque existe aqui algo que gosto de pensar como uma *artimanha monoteísta*, complicando um pouco mais o assunto. Na verdade, e ao contrário do que se possa concluir ligeiramente, **o grande panteão de origem iorubá** daria conta de uma religião monoteísta. Isso porque os iorubás conhecem um deus da criação chamado Olodumare (AWOLALU, 2001; IDOWU, 1996; LUCAS, 2001). A etimologia de seu nome talvez seja imprecisa (VERGER, 2002). Muito embora Adewuyi (2018) sugira que Olodumare seja melhor compreendido como um princípio conceitual complexo, sendo **olo** "o dono, o autor, o criador, o influenciador", **odu** "as vibrações, energias, forças, mistério, destino", e **mare** a aglutinação de **mo-ere**, que pode ser traduzido como o "moldador de imagens", ou o "criador das imagens visíveis e invisíveis do universo". Olodumare designaria então algo como "o dono dos destinos por ele moldados", "o autor da força – ou potência – que têm todas as coisas do universo", ou ainda "o criador dos mistérios do universo". Em outras palavras, Olodumare é deus, todo poderoso, criador de tudo o que se conhece, que há de se conhecer e do que jamais teremos conhecimento.

Em outro de seus muitos nomes, ou títulos, Olodumare é chamado de Olorun, "o senhor do Orun", algo como "o senhor do céu" (BASCOM, 1984), ou melhor, "o senhor do mundo invisível" (VERGER, 2002). Ele também é conhecido como Olofin, "o senhor da lei", ou "senhor da ordem". Olodumare é ainda o detentor do poder da palavra criadora, "a fonte de todas as coisas manifestas ou não" (ADEWUYI, 2018), aquele capaz de criar com a potência da palavra que se pronuncia. Dono de tanto poder, Olodumare não é comensurável, não pode ser alcançado, percebido ou mesmo cultuado pelos humanos. Como então chegamos a saber de sua existência?

Olodumare está sempre presente nas inúmeras histórias da tradição oral dos iorubás. É assim que o encontramos em seu palácio mítico, cercado por suas infinitas aves de estimação; é assim que o vemos sentado à mesa, jantando eternamente com seus filhos amados; é assim que o surpreendemos criando sempre e de novo o universo, que nunca cessará sua reforma. E é também assim que temos de Olodumare o entendimento como deus-pai, que outorgou a administração do mundo a seus filhos, os orixás, e que segue supervisionando suas ações, testando suas condutas, distribuindo novas atribuições e, em última instância, proferindo julgamentos quando se mostram necessários. Ele é o *deus otiosus*, o "deus ocioso" de que fala Mircea Eliade (2002), que promove a criação e em seguida se retira das obrigações cotidianas de governança. Olodumare não está com os humanos, mas com seus filhos, orixás. Ele é, então, o deus com traços tipicamente monoteístas, inserido em uma extensa lista de divindades. É a isto que gosto de chamar *artimanha monoteísta*. Artimanha sim, por quase nos fazer engano, seja pela ideia da existência de um só deus, que cria tudo e todas as coisas, seja pela insistência do coletivo *panteão*. Mas verdade seja dita, existem outras explicações para uma associação aparentemente tão incomum. Verger

(2002), por exemplo, lembra que Frobenius (2010) sugeria a compatibilização de divindades oriundas de "horizontes muito diferentes", em uma espécie de justaposição de deidades que se formou ao longo da história das populações iorubás. O próprio Verger, tentando equacionar a relação de cada um dos fiéis com seus deuses de devoção, pensava que talvez não se tratasse de politeísmo, mas de uma "reunião de monoteísmos", ou de "monoteísmos múltiplos" (VERGER, 1992b; 2000). Outros falam de um "monoteísmo difuso", admitindo a diversidade dos deuses e a dispersão de seus cultos, associada ao caráter de Olodumare como entidade assumidamente superior no suposto panteão (IDOWU, 1996). Por sua vez, João Ferreira Dias (2016) sugere a ideia de uma "religião fluida", "não sendo nem monoteísmo, nem politeísmo, embora assuma feições de ambas em determinados momentos e contextos".

De qualquer maneira, o que nomeio de *artimanha monoteísta* talvez dê conta de compreender Olodumare como um deus-pai, sem os excessos do paternalismo, e seus filhos, deuses igualmente, potentes a seu modo, presentes no cotidiano da criação, tão próximos das vidas humanas, tão responsáveis por elas. Os orixás são deuses criados por deus; deuses criados para seguir o plano da Criação. O que nos leva ao último ponto que quero tratar aqui.

Os orixás são deuses, já sabemos. Mas ainda é preciso insistir: *o que está em jogo quando falamos dos orixás?* Porque é necessário explicar alguma coisa que deixei sobrar propositalmente umas páginas atrás, quando falei do duplo caráter **anímico** e **antropomórfico** de que são investidos.

Com simplicidade, acredito poder dizer que o animismo percebe tudo o que existe no âmbito da natureza como sendo dotado de uma energia própria, uma espiritualidade ou alma (*anima*). A terra, o ar, a água, e por extensão de raciocínio, as montanhas, os vales e planícies, os ventos, as tempestades e a brisa, os rios e os mares, as lagoas e cachoeiras, as folhas, raízes e árvores, os animais e os humanos, as pedras, o som e o sopro, tudo possui uma potência, digamos, essencial, elementar. O animismo de certa forma é uma ontologia (CASTRO, E., 1996), um conhecimento do ser, que está em todas as coisas existentes, e que particularmente se encontra nos humanos.

Esta potência anímica, porém, não torna a natureza *naturalmente* sagrada. Enquanto potência, sua energia é latente e, portanto, necessita ser de alguma forma ativada, provocada, promovida. Para que o sagrado se manifeste a partir da natureza (como *hierofania*), é preciso investi-lo do que é sagrado, trazendo à tona sua essência sagrada, que então se revela ao mundo. Dizendo de outra maneira, antes de receberem o "investimento sagrado", a pedra é pedra, a árvore é árvore, o rio é rio; porque é preciso transmudar suas essências, tornando a pedra, a árvore e o rio mais do que são, trazendo vida sobrenatural às suas condições naturais (ELIADE, 2008).

Dito isso, é admissível produzir um entendimento dos orixás como deuses dotados de forte caráter anímico. Como o recurso da exemplificação tem sempre boa acolhida, posso lembrar que Exu é o deus do movimento, da força dinâmica do universo; que Ogum é o deus do ferro; que Ossaim é o senhor das folhas; Xangô é dono do fogo, do raio e do trovão; Oxum é a deusa das águas doces; Iemanjá é a divindade da beira praiosa do mar; que Oyá é a senhora do vento e da tempestade; que Olokun é o soberano das profundezas dos oceanos; que Oxalá é o deus de tudo o que é branco e, desdobradamente, do que é puro, correto e limpo. E assim fazendo, poderia seguir adiante. Então posso me atrever a concluir que o caráter anímico dos orixás se expressa através dos aspectos da natureza aos quais são identificados, bem como aos cerimoniais de invocação do sagrado a eles atribuídos e associados. De forma aproximada, era mais ou menos assim que mestre Agenor Miranda Rocha, conhecido sacerdote radicado no Rio de Janeiro, referia-se aos orixás, como "fragmentos encantados da natureza" (SODRÉ; LIMA, 1996; ROCHA, 2001). Mas ainda não temos o suficiente.

Ter entendimento de que um orixá está presente na pedra, no rio, na mata ou no oceano não garante sua *materialidade*, se é permitido dizer dessa forma. Ao contrário, é muito provável que assim seja mais firmemente assegurada sua *transcendência*, na justa medida em que lá já não se vê apenas a pedra, o rio, a mata ou o oceano, mas também o deus em sua projeção anímica manifestada. Ainda assim, a pedra, o rio, a mata e o oceano não falam com os homens, sendo pedra, rio, mata e oceano. Pelo menos não enquanto mantiverem sua condição exclusivamente natural, anterior à hierofania que provoca o sagrado. Não assim.

Os deuses que chamamos de orixás falam com os homens quando ganham forma humana e com os humanos podem se relacionar. Bem claro esteja: os orixás não se tornam humanos; eles assumem forma humana. Sempre preservando o caráter de ser deus, o orixá se antropomorfiza, assumindo traços de personalidade humanos, mundanos. A promoção desta circunstância muito peculiar é observada nas incontáveis narrativas da tradição oral iorubá, em que os orixás parecem ter vida humana, ou parcialmente humana, experimentando tudo o que aos humanos é dado experimentar. Quero voltar a este ponto mais à frente, quando tratar da importância e da função dos mitos. Agora, porém, e mais uma vez, de par com os exemplos, cabe dizer que estas histórias mostram que Exu é a potência dinâmica do universo, e é também o bom amigo, o fiscal e o trapaceiro; Exu é o orixá retratado como aquele que comunica, que soluciona problemas, que produz efeitos no mundo e na vida. De maneira análoga, Ogum é o ferro, e igualmente é representado como o ferreiro habilidoso, o inventor de tecnologias, o guerreiro feroz e inconformado, aquele que segue à frente de seu povo para fundar nações; Ogum também é quem conhece o medo, a insegurança e a dúvida. Xangô, por sua vez, é o fogo, o raio e o trovão, da mesma maneira em que é caracterizado como o personagem que possui a alegria de estar vivo no mundo; Xangô é a festa, a dança e a mesa farta, a bebida, o sexo e a música; e também o princípio da justiça, a tristeza aguda e o desespero. Oxum é a água doce, e a mulher que negocia cobre no mercado, a grande sedutora de homens, a guerreira que vai de porta em porta convocar para a batalha; Oxum é filha, esposa, amante e mãe. E como me disse tempos atrás uma sacerdotisa desse orixá, "Oxum, meu filho, *quer*". E assim podemos seguir com todos os outros casos.

Talvez seja importante dizer logo que estes traços de personalidade não correspondem ao que se costuma requerer como características de seus "filhos". Afinal, são tantas as histórias contadas sobre esses deuses, tantas as diferentes maneiras de compreendê-los, e ainda tão variadas as manifestações de seus atributos, que seria uma triste redução dizer que aos humanos é dada a competência de representá-los. Quero tratar disso nos capítulos seguintes. Por ora é preciso desfazer qualquer suposição sobre o tema. Os aspectos que elenquei muito ligeiramente são desdobramentos possíveis, retirados das narrativas desses orixás. Também não desejo tratá-los como modelo arquetípico, nem dos deuses, nem de seus iniciados. Essa pode ser outra das muitas armadilhas para tentar alcançar qualquer entendimento sobre os orixás. E ainda por cima, uma armadilha de modelos bem arranjadinhos, bem arrumadinhos, bem justinhos, feito os programas estruturalistas de outrora. Mas esse é um assunto para mais tarde.

Então o que temos até aqui? Sabemos que os orixás são deuses, que pertencem a um extenso conjunto de divindades, cuja *artimanha monoteísta* permite afirmar a coexistência de um deus-pai, todo poderoso, chamado Olodumare. Admitimos também que sua *origem* é em sua maioria iorubá, mesmo considerando toda a discussão que sustenta esta certeza. Por fim, consideramos os orixás deuses que possuem o duplo caráter anímico e antropomórfico, o que lhes garante a identidade com a natureza e com os humanos, simultaneamente. Antes de seguir o passo, porém, preciso fazer uma confissão singela.

Todas essas coisas que disse até agora podem ajudar muito com a reflexão sobre o que vem a ser *orixá*. Ou não. Porque, verdadeiramente, não deveria ser desse jeito. Digo isso porque, ao longo de 20 anos de convívio e pesquisa com tantos fiéis, iniciados e sacerdotes das religiões de orixá, a explicação frequentemente foi bem mais simples e bem menos *explicável*. Todas as vezes que perguntei "o que é orixá?", "como é o seu orixá?" ou "como é a experiência com seu orixá?" a resposta que obtive foi semelhante a "orixá é tudo em minha vida!", um suspiro fundo e a voz emudecente. E seguiam-se informações muito pessoais sobre os efeitos do orixá no corpo de seus filhos, a intervenção cotidiana em suas vidas, a presença dentro de suas cabeças, como uma voz "que é dele, mas é minha também". O que posso retirar disso é uma pequena sabedoria: *orixá é um pertencimento*; ele me pertence e eu pertenço a ele. Algo que a ciência, muito ciosa de seus métodos de contar e medir, não entenderá sem dificuldade – se é que chegará mesmo a entender algum dia. Mas é isso e é mais: *orixá é um sentimento*. O que houver além dessa compreensão é invencionice para agradar plateias eruditas. *Orixá é um sentimento*. E pronto.

Cheguei aonde queria. E agora que estou aqui, devo voltar ao início. Comecei dizendo que Orunmilá é um orixá. Quero continuar desse ponto: sabendo o que já sabemos sobre o tema – ou o que achamos saber –, que orixá é Orunmilá?

O ORIXÁ QUE ORUNMILÁ É

Gostaria de poder falar desse assunto com poucas palavras. Mas acho que seria um esforço muito maior do que a capacidade de síntese de que sou dotado ou da honestidade que possuo. Apesar disso, e para dar começo a este capítulo, acredito que poderia dizer com alguma singeleza e rapidez: **Orunmilá é o orixá da inteligência, do conhecimento e da sabedoria**. É isso.

Dito desta forma – como uma sentença curta, uma afirmação segura, uma resposta sumária –, posso causar a falsa impressão de que tenho tudo, ou quase tudo, explicado. Mas não são assim as coisas. E como havia feito antes, dizer isso não explica muito do que precisa ser conhecido. Essa afirmação tão grave, com tão poucas palavras, pode passar por bom recurso expositivo e de estilo. Não resta dúvida: é sintética, objetiva e clara; possui igualmente a vantagem exigida de ser correta – o que, nesse caso, deveria ser óbvio –, respaldada por todos os sacerdotes de Ifá com os quais pude ter contato nos últimos anos e por toda a extensa literatura especializada sobre o assunto. Parece ser suficiente. Mas não é.

Um primeiro problema poderia ser colocado logo de imediato: ora, se cabe a Orunmilá ter a inteligência, o conhecimento e a sabedoria como aspectos próprios de sua identidade, o que poderia ser dito de outros orixás? Que não são possuidores desses mesmos atributos? Que Oxóssi não é dotado das habilidades da caça? Que Oxum não conhece as artimanhas do comércio de cobre? Que Xangô não sabe o que é justiça? Que Oxalá – veja, leitor, Oxalá! – não possui sabedoria? Não se trata disso. Claro que não. Esse seria um pensamento excludente e certamente inapropriado. Em particular, para o caso de Oxalá – como Oxalufon ou Oxafuru, por exemplo –, respeitado como ancião, dotado de conhecimento e sabedoria, este impasse se mostra ainda maior. E é evidente que cada orixá é dono de inteligência, conhecimento e sabedoria próprios. Podemos suspeitar que esta reivindicação de exclusividade de atributos para Orunmilá indicaria, verdadeiramente, uma disputa de autoridade religiosa entre os sacerdotes de orixá e de Ifá, expressos e legitimados nos mitos que a literatura oral iorubá ou diaspórica preservou, adaptou e transformou. Mesmo assim, para que sejam elencadas as características mais relevantes de identificação de Orunmilá como orixá, é preciso dizer que sim, é ele a divindade associada à inteligência, ao conhecimento e à sabedoria. E é disso que tratarei neste capítulo.

De outra maneira, não quero fazer parecer que o que precisa ser dito logo no princípio dessa exposição se trata de algo muito complexo. Ao contrário, é na verdade bem simples: precisamos conhecer o nome. Ou, melhor dizendo, *conhecer através do nome*.

Não há nada de novo aqui. Não chegamos dessa forma a alcançar uma novidade transcendente. Bem longe disso, todos devemos ter um entendimento bastante elementar acerca desse assunto: o primeiro passo para conhecer qualquer coisa é saber que nome tem. E a partir de seu nome, os significados que possui e as histórias que podemos contar a seu respeito. Assim começamos a formar juízo sobre o que quer que seja; ou quem quer que seja. Desse modo sabemos, por exemplo, que o nome dado à pedra é *pedra*. Conheceremos sua aspereza ou lisura, seu peso e sua forma, de onde veio, que idade tem, as propriedades de que é dotada. Por extensão, poderemos desejar saber de onde surgiu seu nome, que significados possui, e contar a história existente, se existe, por detrás dele. E isso parecerá ser satisfatório. Ainda assim, se quisermos seguir com o serviço, será necessário conhecer as diferentes modalidades do que chamamos *pedra*, os outros nomes de que dispõe, outras aparências, outras origens e fins. Então, juntaremos tudo isso em uma só palavra ou nome – *pedra* –, que passará a ter seu sentido renovado pelo conhecimento que reunimos sobre o assunto. Mas isso não seria evidente?

Coisa semelhante ocorre quando falamos das pessoas. E me perdoe a insistência nesse raciocínio aparentemente tolo, mas creio que ele é mesmo necessário. Porque senão, vejamos. Quando conhecemos alguém, conhecemos também seu nome. E quando não conhecemos ou lembramos seu nome, somos geralmente tomados por uma aflição arrasadora, uma espécie de confusão e desnorteio, como se o conhecimento que temos sobre a tal pessoa não fosse suficiente. E realmente não poderia ser. Afinal, seria justo afirmar que conhecemos verdadeiramente alguém sem saber ou lembrar o nome que tem? Ou trocar, ou confundir seu nome? E, mesmo assim, conhecer o nome é somente o primeiro passo para que tenhamos tranquilidade sobre o conhecimento que dizemos ter sobre alguém. Ainda serão necessárias as histórias que contamos sobre essas tais pessoas, como nos referimos a elas e, quem sabe, que relações ou laços foram construídos entre nós. Bem... cheguei aonde queria: porque coisa muito semelhante acontece quando nos referimos aos orixás.

Eu disse, poucas páginas atrás, que *orixá é um sentimento*. Posso dizer que me sinto à vontade com esta proposição. Porque basta ter a carne trêmula e a cabeça tonta provocadas por sua presença para concordar com esta ideia. *Orixá é um sentimento*; mas não é tudo o que podemos, ou mesmo devemos saber sobre a matéria. É preciso conhecer seu nome, os significados que tem, se assim for possível fazer, e as histórias que acompanham sua formação.

Para usar o artifício sempre bem vindo dos exemplos, Iemanjá é assim chamada pela contração de *iyá omo ejá*, que pode ser traduzido ao pé da letra por a "mãe dos filhos peixes" (VALLADO, 2002). Com isso sabemos apenas que este orixá é mãe e que possui alguma identidade com as águas. Mas podemos extrapolar esta compreensão supondo ser estruturante de seu caráter o aspecto maternal e o cuidado amoroso que tem com sua prole; que devem ser muitos os seus filhos, ou que cuida de muitos filhos, mesmo daqueles que não são gerados em seu ventre úmido; e que, em última instância, os nascidos sob sua égide podem desenvolver habilidades muito especiais de adaptação ou, ao contrário, não conseguirem resistir à pressão e ao curso de seus próprios destinos.

Sobre Oxóssi, ou *Òsóòsì*, sabemos que seu nome poderia derivar de *òsówusì*, "o guarda noturno é popular" (VERGER, 2002). Além de ser uma denominação, Oxóssi seria também um título, conquistado através de uma história bem conhecida: a do pássaro tenebroso, enviado pelas temidas feiticeiras, ameaçadoras da cidade, e que foi alvejado com uma só flecha pelo vigia da noite. Entendemos assim que Oxóssi é o grande caçador, que é certeiro no arremesso de suas setas, aquele que, mesmo quando joga a lança para o alto, sempre fere um animal. Mas podemos supor igualmente que é um deus conhecedor da sutileza e da ferocidade, do silêncio e do estrondo, que protege, guarda e provê, que é o defensor e o herói de seu povo. Oxóssi é o responsável por apontar onde é seguro fazer pouso, como conseguir água e comida, e, quando se mostrar necessário, desaparecer nas sombras da mata.

De maneira análoga, Oxalá é conhecido assim graças à aglutinação de *ori osha n'lá*, ou *orixá n'lá*, que quer dizer "o grande orixá", ou ainda "o maior dos orixás" (AWOLALU, 2001). Tendo disso conhecimento, podemos pensar em sua senioridade e, por extensão, seu atributo de grande patriarca entre as divindades iorubás, merecendo um respeito semelhante àquele que se devota aos anciãos. Ele é o "mais grande" e também o mais velho, daí ser possível dizer que sua atitude é muitas vezes percebida como intolerante em relação aos desvios de conduta que os humanos produzem. Sabemos, através de outros recursos, que Oxalá é o "senhor do pano branco", *Obá t'ala*, o que faz supor, entre tantas possibilidades de interpretação, que seu rigor ético não admite mancha ou mácula.

Iemanjá, Oxóssi e Oxalá são muito mais que seus nomes. É claro que sim. Mas começamos com eles para formar o primeiro entendimento e então poder seguir adiante. Com isso em mente, devemos proceder de igual maneira com Orunmilá.

Em torno do nome Orunmilá existem algumas polêmicas. O que é muito bom. Primeiro porque, com cada uma das versões que encontramos, podemos aprender um pouco mais sobre ele; e segundo, porque essas discussões só confirmam o fato dessa divindade ser mesmo relacionada à inteligência, ao conhecimento e à sabedoria. Não poderia ser de outro modo.

Orunmilá seria um nome derivado da aglutinação de algumas sentenças. Entre elas *Orun-l'o-mo-eni-ti-o-la*, "somente o grande morador do Orun sabe quem sobreviverá" (ABIMBOLA, W., 1997; BASCOM, 1969; SALAMI, S., 1999). Com isto nos é dado conhecer um dos atributos mais importantes de Orunmilá, como aquele capaz de interferir positivamente na manutenção da vida dos humanos através do oráculo de Ifá – do qual ainda falarei. Antes de seguir em frente, porém, é preciso esclarecer uma ou outra coisa sobre o assunto.

Orun é frequentemente traduzido por céu; o que, na verdade, mostra-se inapropriado. A concepção Orun é melhor compreendida como o que é invisível, o espaço em que habitam os deuses e os ancestrais, e que se confunde com o mundo material que conhecemos e habitamos, o Ayè. A relação entre Orun e Ayè é semelhante à que pode se estabelecer entre o invisível e o visível, o imperceptível e o perceptível, o imaterial e o concreto. Assisti muitas vezes sacerdotes e sacerdotisas das religiões de orixá se referindo ao Orun olhando para o alto enquanto falavam, e estendendo seus braços para cima, como a indicar a relação com o céu. E da mesma forma faziam voltando seu olhar e suas mãos para a terra quando mencionavam o Ayè, em uma clara associação com o mundo em que estamos vivendo nossas vidas. É muito provável que estes sejam ecos da influência cristã, não somente no Brasil, mas também no ambiente da costa ocidental africana (DIAS, 2016). Contrariando este entendimento, em algumas histórias do corpo literário de Ifá, o Orun é apontado para o interior da terra, como a morada ou o retiro de divindades, como nos casos relatados nos Odu Ifá Obara Ojuani, Ogbe Iwori e Osa Oshe, para ficar com alguns poucos exemplos. Dito isso, vamos em frente.

O nome Orunmilá também pode ser derivado de *Orun-l'o-mo-a-ti-la*, "somente o morador do Orun conhece os meios de libertação", ou *Orun-mo-ola*, "somente o morador do Orun pode libertar" (ABIMBOLA, W., 1997; BASCOM, 1969; SALAMI, S., 1999). Nestes dois casos, Orunmilá é associado à ideia de uma liberdade conquistada graças a seu intermédio. Então, talvez pudéssemos ter em mente aquilo que se deseja alcançar rompendo os laços da escravidão. Isto faz todo sentido para condições socioculturais que tiveram em seu cotidiano o relacionamento com a frequente captura, submissão e comércio de humanos. Muitos relatos do corpo literário de Ifá fazem referência às práticas escravagistas e aos sofrimentos causados por elas, o que só endossa essa possível interpretação do nome de Orunmilá. Outra possibilidade de leitura desta sentença estaria revelada através da forte interferência do cristianismo nas terras do povo iorubá, levando a nos fazer entender que "libertação" aqui seria um sinônimo de salvação, bem ao estilo dos missionários protestantes (PEEL, 2011). Mas a "libertação" de que falamos aqui pode muito bem estar relacionada à capacidade de chegar a se "tornar livre", como um processo de autoconhecimento mediado por Orunmilá. Esta é uma abordagem que pode ser encontrada ainda mais facilmente nas narrativas míticas de Ifá. Se tomarmos esta via de apreciação, Orunmilá deve então ser compreendido como a divindade que favorece as condições para que seja obtida uma liberdade de caráter existencial.

Outra interpretação do nome Orunmilá teria advindo do provérbio *Olorun mo eni ti o la*, "somente Olorun sabe aquele que vai prosperar" (BASCOM, 1969). Esta sentença é retirada de uma narrativa que diz que, quando os orixás vieram à terra, receberam de Olorun suas tarefas específicas. A Ogum foi atribuída a guerra (*ogun*); a Oxalá foi concedida a arte (*ona*); Olokun deveria ser comerciante (*onisowo*) e Ajê, deusa do dinheiro (não confundir com Ajé, as feiticeiras), se tornaria uma espécie de atravessadora (*àlàróbó*), comprando de Olokun e revendendo no mercado. Quando perguntaram a Orunmilá que trabalho ele desejava receber, respondeu "somente Olorun sabe aquele que vai prosperar", *Olorun mo eni ti o la*. Com esta resposta Orunmilá assegurou sua condição de divindade da inteligência e da sabedoria, na medida em que reconhece Olorun, o Senhor do Orun, como aquele que possui a primazia da decisão sobre o destino de tudo o que existe. Inclusive quando nos referimos aos deuses. De certa forma, então, podemos retirar desta história a razão de ter sido Orunmilá aquele que conquistou o direito de ser a divindade da inteligência e da sabedoria. Mas esta tradução teria sido distorcida, sendo também utilizada a leitura "somente Olorun sabe aquele que será salvo". Segundo o que pôde apurar Bascom (1969), informantes em 1937 e 1938 teriam denunciado aí, mais uma vez, a influência de cristãos protestantes, associando a ideia de prosperidade à de *salvação*. De tal forma que esta versão parece ter sido desqualificada há muito tempo como coisa inaceitável.

A versão talvez mais complexa e interessante do nome de Orunmilá é contada por Bascom (1969) em seu conhecido livro *Ifa divination*. Segundo as informações que o antropólogo norte-americano recolheu em Ijexá com o sacerdote Agbonbon, Orunmilá adviria de *Olorun mo Èlà*, que pode ser traduzido por "Olorun reconheceu Èlà". Mas não quero me arriscar a dar continuidade com a argumentação sem buscar melhor entendimento de um ponto que parece ser fundamental.

Sobre esta divindade – Èlà – existem algumas diferentes informações ou leituras. Ouvi de um babalawo carioca que Èlà seria uma espécie de "duplo" de Orunmilá no Orun.

Esta concepção, porém, parece não se sustentar. Em um relato do Odu Ifá Iwori Meji, Orunmilá se recolhe ao Orun e deixa a seus filhos o compromisso de cuidarem das coisas do mundo por intermédio do oráculo dos *ikins* (caroços de dendê). De tal maneira que não seria possível estar Orunmilá e seu duplo no mesmo lugar; ou, pelo menos, não conheço qualquer referência a esta simultaneidade. Outra versão, esta pretensamente crítica, daria conta de uma possível influência do cristianismo na cosmovisão iorubá, tornando Ifá, Orunmilá e Èlà um simulacro da Santíssima Trindade, Pai, Filho e Espírito Santo, respectivamente. O arranjo parece fazer sentido. Ainda mais se considerarmos as fortes influências do cristianismo para a construção da etnogênese iorubá (DIAS, 2016; PEEL, 2011). Entretanto, o corpo literário de Ifá possui narrativas em que Èlà se apresenta de maneira consistente como divindade constitutiva do "panteão", sem qualquer ajuste sincrético.

De acordo com o que nos informa Idowu (1996), Èlà é a única divindade capacitada para garantir o sucesso dos rituais realizados pelos sacerdotes de Ifá. Èlà é o dono das "bênçãos infalíveis", aquele que, quando é invocado corretamente, promove o êxito das obras, a cura através dos remédios, a superação das crises e a solução de qualquer problema. Os sacerdotes de Ifá repetem *Èlà rò! Èlà rò! Èlà rò!*, querendo com isso dizer algo como "Èlà venha a mim!", como um pedido de auxílio para a boa condução de suas cerimônias.

Ainda segundo Idowu (1996), Èlà é uma divindade fundamental na Criação de Olodumare que, no entanto, teve seu culto esvaziado pela grande multiplicidade dos deuses iorubás, com suas devoções e sacerdócios próprios, criando um ambiente de dispersão, esquecimento ou abandono ritual. Èlà assim passou a ser uma espécie de *divindade acessória*, que presta ajuda para a boa execução dos processos litúrgicos ou mágicos dos sacerdotes de Ifá. Mas não é bem assim que devemos continuar contando essa história.

Conforme nos informa Bascom (1969), Èlà seria "um nome mais antigo de Ifá", e os divinadores com os quais teve contato durante sua pesquisa, confirmavam esta versão através de duas narrativas que tentarei contar aqui.

A primeira delas diz que Èlà era o irmão mais novo de Olorun. Olorun, por sua vez, era comerciante e se ausentava frequentemente de casa em razão de suas viagens de negócios. Nessas ocasiões, Èlà se deitava com as mulheres de seu irmão e tinha com elas muitas crianças. Certa vez Èlà enviou alguns de seus filhos para negociarem também. Mas quando chegaram aos limites entre o Orun e o Ayè, foram atacados pelos escravos de Olorun e roubados. Èlà, sabendo disso, enfureceu-se. Reuniu seus outros filhos e mais homens armados, para ter vingança e resgate. As tropas dos dois irmãos lutaram muitos dias. E por este motivo, não paravam de chegar mais soldados para combater. Eles, porém, não sabiam quem exatamente era o adversário. Depois de tanto guerrearem, sentaram-se Èlà e Olorun, olhando furiosos um para o outro de longe. Aos poucos foram reconhecendo quem eram. Olorun e seu irmão se aproximaram, se abraçaram e se reconciliaram. A guerra havia acabado! Os soldados abandonavam o campo de batalha e encontravam no caminho aqueles que ainda achavam que havia o enfrentamento. Quando perguntavam por que estavam voltando, ouviam a resposta *Olorun mo Èlà!*, "Olorun reconheceu Èlà!" (BASCOM, 1969).

É importante lembrar que esta narrativa só faz sentido se concordamos com a leitura oferecida por Bascom de que Èlà é um nome mais antigo de Orunmilá. Então, esta história que reproduzi contaria não somente a origem do nome, mas a relação que se pode estabelecer entre Orunmilá, Olorun e

Èlà. Segundo o autor, porém, esta versão foi desprezada por divinadores de Ilè Ifé em 1965, como sendo uma explicação etimológica popular e pouco sustentável.

A segunda narrativa é ainda mais interessante. Foi contada pelo já referido sacerdote de Ifá, Agbonbon, da terra Ijexá, a William Bascom nos anos 1960. O curioso é que, neste caso, Orunmilá é apresentado como um antecessor de Èlà, não o contrário. A história pertence ao Odu Ifá Ogunda Meji e é mais ou menos assim:

Olofin era rei e mandou chamar Orunmilá para fazer divinação em seu palácio. Orunmilá estava em casa. Ele havia realizado sacrifício com uma galinha e não podia sair correndo sem terminar o que estava fazendo. Orunmilá preparou a comida e a dividiu entre seus filhos Iború, Iboya e Ibosisé. Então pode sair em direção ao palácio de Olofin para consultar o oráculo. Orunmilá levou seu cajado, *Opa Orere*, e o cravou bem no meio do pátio interno da residência real. Orunmilá fez divinação para Olofin e foi embora. Enquanto isso, bem longe dali, os três melhores caçadores de Olofin (Arísítasí, Arìsìtasì e Àtàmàtàsì) haviam perseguido um grande elefante. Eles o feriram, mas não conseguiram matar. O elefante, fugindo de seus perseguidores, enfurecido e sem saber em que direção corria, foi no caminho do palácio de Olofin. O animal machucado colidiu pesadamente contra as paredes que cercavam a morada do rei e sua cabeça enorme e sua tromba gigantesca caíram no jardim de dentro. Assim morreu o elefante. A situação era tão extraordinária que chamaram Ogunnipete, o divinador da casa dos Alara; chamaram Ogbontere, o divinador da casa dos Ajero; chamaram Jewejimo, o divinador da casa dos Apaja Oji. Resolveram abrir o ventre do animal e o assombro foi ainda maior: acharam no meio de suas vísceras uma trouxa feita com tecidos brancos e, dentro dela, uma cabaça.

Então abriram a cabaça e nela encontraram uma criança recém-nascida, de barba e cabelos brancos, tendo em cada mão oito *ikins* (caroços de dendê). Nunca tinha sido visto nada igual. Olofin mandou chamar Orunmilá mais uma vez em seu palácio. Sabendo do que havia ocorrido, Orunmilá chegou cantando: "De que chamamos o recém-nascido? Ele é aquele a quem chamamos Èlà! Como podemos conhecer o recém-nascido? Ele é aquele a quem chamamos Èlà, filho de Origi!" (BASCOM, 1969).

De certa forma, esta história desmente as versões em que o nome de Orunmilá derivaria de Èlà. Apesar da imagem poderosa de um recém-nascido de barba e cabelos brancos sugerir senioridade, é Orunmilá quem está em condições de apontar de quem se trata e inclusive conhecer seu nome e sua filiação. É preciso dizer, porém, que as divindades que aparecem no corpo literário de Ifá não têm um único atributo, não são donos de uma única história de origem, não estão comprometidos com uma cadeia de eventos linear e cumulativa, não possuem sempre os mesmos laços de parentesco, podendo ser filhos, pais ou esposos conforme a variação da narrativa e do Odu em que estão elencados. E diferentemente do que afirmou Bascom, isto não configura uma contradição. Em vez disso, trata-se da própria natureza desses personagens e suas histórias fantásticas. Por esta razão, Èlà também pode ser apresentado como filho de Orunmilá em outros contos, ou não ter com ele qualquer relação de parentesco, como aliás devemos entender a partir deste relato que recontei aqui.

Não quero deixar de notar uma ou outra coisa que se destacam neste mito. A primeira delas é que desconhecemos a razão da consulta oracular feita para Olofin e, da mesma maneira, não sabemos que interpretação Orunmilá fez dela. Geralmente, nestas ocasiões, os relatos do corpo literário de Ifá trazem bem discriminados os motivos da consulta e suas consequências, coisa que não ocorre com estes versos do Odu Ifá Ogunda Meji, recolhidos por Bascom. De qualquer maneira, chama a atenção Olofin ter assuntos a tratar com Orunmilá, tão graves que precisariam de seu sábio apoio. Quais eram, porém, não temos conhecimento. Da mesma forma nos escapam o simbolismo do sacrifício que Orunmilá fazia em sua casa, por que motivo cravou seu cajado no pátio interno do palácio de Olofin e, ainda mais importante, como soube do extraordinário aparecimento da criança no ventre do elefante.

Sem dúvida este é o episódio mais destacável: o nascimento de Èlà. E não só pelas circunstâncias de haver sido encontrado na barriga do elefante morto pelos caçadores de Olofin. Seria leviano especular sobre isso, mas mesmo assim me atrevo a dizer que a descrição de uma cabaça envolta em pano branco é semelhante a algumas formas de oferendas, conhecidas no ambiente africano e também na diáspora das Américas. Se era e, mais ainda, quem teria feito, não podemos atinar, pelo menos não com o que é informado através do fragmento que Bascom nos trouxe. O fato é que Èlà é descrito como uma criança que tem aparência de um ancião, com barbas e cabelos brancos. E mais significativo, tem em suas mãos os *ikins* (caroços de dendê). Falarei disso no próximo capítulo, mas devo adiantar alguma coisa agora. Uma das formas de consulta oracular que Orunmilá preside, aquela considerada mais sofisticada e assertiva, é realizada com os *ikins*. O que isso indicaria? Que Èlà trouxe, nestes versos de Ogunda Meji, o conhecimento de Ifá que Orunmilá manipula? Mas Orunmilá já era reconhecido como divinador na mesma narrativa. Então, que relação possuem os dois personagens, Èlà e Orunmilá? Que recurso oracular Orunmilá manipularia antes do aparecimento de Èlà, embalado em panos brancos, guardado em uma cabaça dentro do paquiderme? Talvez seja imprudente arriscar dizer que Orunmilá demonstra nesta história ter sabedoria, enquanto Èlà traz o conhecimento, representado pelos *ikins*, a que Orunmilá terá acesso. Mesmo com a ressalva, essa é de fato uma das possíveis interpretações que podemos retirar daí.

Observe que esta segunda história de Èlà não nos dá um novo nome para Òrunmilá. Mas estabelece uma relação importante entre os dois personagens. Se é verdadeiro dizer que Èlà, nestes versos de Ogunda Meji, trouxe conhecimento, expresso simbolicamente pelos *ikins* que mantinha em suas mãos, Orunmilá reconhece Èlà imediatamente, saudando seu surgimento extraordinário no palácio de Olofin. E isto talvez seja o que mais nos interesse aqui. Por mais extravagantes que tenham sido as condições do nascimento de Èlà, Orunmilá não aparenta surpresa, assombro ou choque. Ao contrário, Orunmilá saúda a chegada do conhecimento que Èlà tem em suas mãos, o conhecimento de Ifá. Então, autorizo-me a dizer: Orunmilá é aquele que reconhece e saúda a chegada de Èlà, aquele que, por sua vez, nasceu com o conhecimento de Ifá em suas mãos.

Na verdade, todas essas possíveis leituras do nome de Orunmilá são muito instigantes; mas podem ser facilmente descartadas. Pois é. Que me perdoe o leitor, que talvez tenha anotado as versões que deixei indicadas por aqui. Mas é que todas elas correm realmente o risco de serem consideradas esforços excessivos para dar explicação a um nome que já confundiu sua genealogia e sua etimologia há mais tempo do que seria desejável. Então, talvez tenhamos perdido mesmo seu sentido. Sobre isso, Wande Abimbola – babalawo, acadêmico e, desde 1981, *Àwíse Awo Àgbàyé*, o representante de Ifá no mundo – escreve que não é possível saber qual é a origem do nome Orunmilá, sendo inútil o empenho para sua definição (ABIMBOLA, W., 1997). É claro que não vamos desdenhar do que foi feito até aqui. Muito embora seja correto manter uma saudável desconfiança em relação a todas as variações que apresentei, é permitido, mesmo assim, presumir que elas ainda se prestam ao serviço de promover algum esclarecimento sobre o nome de Orunmilá. Afinal, como disse páginas atrás, não precisamos conhecer somente o nome, mas *conhecer através do nome*. Então, ainda temos algum serviço pela frente.

Perseguir o caminho da procedência etimológica do nome de Orunmilá pode ter sido até agora motivo de algum interesse para este pequeno ensaio. E um tanto frustrante também, é verdade, na medida em que afinal somos convidados a manter certa dose de *dúvida metódica*, uma suspeita salutar sobre as origens e as possíveis explicações que o nome Orunmilá tem. Essa conduta parece nos levar desagradavelmente a não ter certeza sobre nada. O que não é de todo correto; afinal, é assim mesmo que conduzimos qualquer investigação que se pretenda criteriosa. De qualquer maneira, quero então sugerir mais uma abordagem: podemos investigar não só os nomes de Orunmilá, mas também como ele é conhecido, como é chamado, ou ainda, que **títulos** possui. Pelo menos os mais notáveis. Assim continuamos a avançar na direção das muitas formas de compreensão do orixá da inteligência, do conhecimento e da sabedoria.

Orunmilá é chamado de *eleripín*, o testemunho do destino. Dessa maneira encontramos Orunmilá assistindo ao destino dos humanos. Mas é claro que esta noção possui algumas armadilhas. Porque devemos nos perguntar se Orunmilá assiste sem interferir no destino pessoal dos humanos. O que talvez fosse uma contradição, dada a importância de Orunmilá como divindade associada à manipulação oracular. Então testemunhar, ou assistir, observar, presenciar, sempre no sentido de se manter distante, não interferente, passivo, inativo, seriam condutas aparentemente estranhas ao caráter de Orunmilá enquanto divindade, que sempre atua quando solicitado para o socorro das necessidades humanas. O problema, no entanto, é um pouco pior, porque não devemos confiar tão docilmente nas palavras.

Quando dizemos *destino*, estamos nos referindo exatamente a quê? Podemos falar de destino como quem deseja se referir ao lugar a que se quer chegar; então, destino é semelhante a direção, sentido, objetivo ou meta. E a partir dessa ideia, extrapolamos para a percepção de um destino existencial, como projeto, planejamento ou sonho, capaz de realizar a vontade de cada um. Então, destino também carrega consigo a noção de ser aquilo que pode estar previsto para se realizar na vida de alguém. Essa também é a palavra que usamos para nos referir ao que alguns acreditam ser o que foi determinado por forças muito além de sua vontade ou conhecimento; então, destino se torna sinônimo de sina, de fatalidade, fortuna ou fado. Deriva daí a ideia de destino como o que deverá ser cumprido inevitavelmente, para o bem ou para o mal. O que explica a percepção de alguns credos religiosos que estimulam o enfrentamento do próprio destino, como sendo necessário para obter vitória sobre ele e assim alcançar a realização pessoal, o sucesso e a felicidade. Outro modo de usar a expressão é aproximar *destino* da noção de *vida*; e assim, destino partilha seu significado com a própria existência. Ora, o que então queremos dizer quando afirmamos que Orunmilá é testemunho do destino?

Posto dessa maneira, o problema parece ser grande. Mas a saída não é tão complicada. Ou pelo menos não, até que seja encontrada sua resposta. O ponto é que, no idioma iorubá, encontramos quatro palavras diferentes para destino, o que especifica admiravelmente seu tratamento. Então, vamos começar do começo.

 Encontramos nos dicionários a palavra *kàdárà* para traduzir destino (ADÉWÁLÉ-SOMADHI, 2001; BENISTE, 2014). O que, para usar de sinceridade, não nos leva a lugar algum. Com a ajuda dos dicionários, podemos continuar a acreditar que sabemos exatamente do que se trata destino, mesmo quando não sabemos com justeza do que estamos falando ou pensando sobre o assunto. Levei essa questão ao babalawo Ifayode, que me respondeu que *kàdárà* é o destino após sua realização, algo como a vida inteira de um indivíduo que se cumpriu como resultado da própria existência. Perguntei, então, se a noção de *kàdárà* se aproximava da ideia do destino cristão, na medida em que seria algo já determinado, conhecido. Ifayode me respondeu que de forma alguma, e por dois motivos: primeiro porque, enquanto ocorre, o destino de todos nós é pleno de possibilidades, de tal maneira que não é justo imaginar apenas um destino, com a terrível tirania de ser inevitável; segundo porque *kàdárà* se refere ao que já foi realizado no Ayé, ou ainda melhor, no *ode-isalaye*, o mundo dos humanos. Portanto, *kàdárà* é o resultado da experiência individual com seu destino no mundo; é o conjunto, ou somatório, de cada escolha que fizemos ao longo da vida. "É como uma biografia?", disse. "Não exatamente", ele respondeu. "Tendo vivido uma vida inteira, é como poder olhar para trás e saber de que forma o destino foi cumprido". Então *kàdárà* seria a percepção do que foi e, dentro do possível, do que poderia ter sido, a resultante das escolhas. É um pouco complicado. Mas as outras palavras para exprimir destino vão ajudar bastante.

 O professor do Departamento de Filosofia da Obafemi Awolowo University, da Nigeria, Yunusa Kehinde Salami (2015) escreve que a percepção de destino entre os iorubás pode ser relacionada às noções de *ipín*, *ayanmo*, e *akunleyan*, sendo *ipín* "o que é disposto a alguém", *ayanmo* "o que é fixado a alguém" e *akunleyan* "aquilo que escolhemos de joelhos". Observe que as duas primeiras ideias parecem indicar que não fazemos escolhas, são circunstâncias impostas por forças além do alcance e entendimento dos mortais. Isso pode parecer desagradável para muitos de nós, que estamos acostumados a valorizar o conceito de liberdade de maneira intransigente e irrevogável. Certamente. Mas é preciso admitir que existem condições da realidade diante das quais somos mesmo impotentes. E não precisamos ir muito longe. Basta pensar que não elegemos a gravidade, não deliberamos sobre o movimento dos astros ou optamos pela biologia humana. Ah, sim: e a Terra é redonda mesmo; ou quase. Entenda: não são escolhas. E por mais que pareça óbvio, é disso que falamos quando nos propomos a compor um destino complexo. Se pudermos assumir fazer parte de um todo cosmológico, um todo que compreende tudo o que existe na natureza, mesmo o que não percebemos, entendemos ou alcançamos conhecer, então devemos considerar a gravidade, o movimento dos astros, a biologia humana e a redondeza da Terra – ou quase – como partes constitutivas de um destino em que estamos inseridos e sobre o qual não podemos decidir. Pelo menos não são estas as decisões.

Como disse, Yunusa Salami (2015) se refere a *akunleyan*, "aquilo que escolhemos de joelhos". Então, o destino seria simultaneamente aquilo que se impõe e aquilo que se pode escolher? Existe uma história do Odu Ifá Ogbe Ogunda que repara essa lacuna de entendimento. Ela é contada por diversos sacerdotes de Ifá e reproduzida às vezes extensamente nos tratados e publicações a que temos acesso (IBIE, 2005; PÓPÓOLÁ, 1997). Peço desculpas, mas não vou recontar aqui a história completa. Em outra ocasião, talvez. Quero só aproveitar os trechos que mais interessam ao argumento que estou desenvolvendo neste estudo. A história é mais ou menos assim:

Três grandes amigos desejavam vir ao mundo. Eles se chamavam *Oriseeku*, filho de Ogum, *Orileemere*, filho de Ijá, e *Afuwape*, filho de Orunmilá. Queriam nascer no mundo para viverem bem suas vidas. Queriam aproveitar do mundo o que ele tem de melhor a oferecer. Queriam ter filhos, saúde, longevidade e riqueza; eles queriam ter felicidade. Os três consultaram os anciãos que lhes aconselharam a seguirem até à casa de Ajalá, o oleiro divino, o fazedor de cabeças. Eles deveriam escolher as melhores cabeças que pudessem, e assim estariam autorizados a nascer no mundo e prosperar. Mas não parem por nenhuma razão!, disseram os mais velhos. Mesmo se tiverem que passar em frente às casas de seus pais, não se detenham, não os cumprimentem e sigam o caminho! Assim fizeram os três amigos.

Passaram em frente à casa de Ogum, o senhor da guerra e do ferro. Ele fazia muito barulho enquanto trabalhava. Oriseeku pensou em falar com seu pai, mas lembrou do que disseram os anciãos e seguiu adiante. Passaram em frente à casa de Ijá, a divindade da briga e da confusão. Ele fazia muito barulho enquanto trabalhava. Orileemere pensou em falar com seu pai, mas lembrou do que disseram os anciãos e seguiu adiante. Passaram em frente à casa de Orunmilá, o orixá da inteligência, do conhecimento e da sabedoria. Ele não fazia barulho enquanto trabalhava. Afuwape pensou em falar com seu pai, lembrou do que disseram os anciãos, mas decidiu desviar de seu caminho para falar com ele e pedir sua benção. Oriseku e Orileemere ainda insistiram, mas Afuwape quis ficar.

Orunmilá recebeu seu filho. Soube de sua intenção e recomendou que tivesse paciência e levasse consigo uma porção de sal e um tanto de dinheiro. Os dois se despediram e Afuwape pôde ir à casa de Ajalá abençoado por seu pai.

Afuwape chegou à casa de Ajalá e encontrou Oriseku e Orileemere com suas respectivas cabeças. Eles estavam felizes. Poderiam nascer no mundo. Afuwape perguntou Onde está Ajalá? Eles responderam Não sabemos. Mas como então vocês conseguiram suas cabeças?, perguntou Afuwape. Ora, nós vimos a porta aberta, entramos e escolhemos nossas cabeças para poder nascer no mundo. Escolha a sua também, Afuwape! Afuwape disse que esperaria pelo dono da casa. Oriseku e Orileemere se despediram do amigo e foram ao mundo nascer.

Ajalá, o fazedor de cabeças, é um deus com muitos problemas. Ele é desorganizado, bebe demais, joga demais e tem dívidas demais. De tal maneira que a maioria das cabeças que Ajalá apronta não é muito boa. Na ocasião em que os três amigos buscavam sua casa, procuravam por ele também credores nervosos. Afuwape, que esperava calmamente na porta de Ajalá, recebeu os credores e disse a eles que Ajalá havia morrido. Afuwape perguntou quanto Ajalá devia. Os credores disseram e Afuwape pagou com o dinheiro que seu pai havia dado. Assim eles foram embora.

Ajalá, porém, estava por ali, escondido, assistindo a tudo. E sóbrio, o que é muito importante dizer. Ajalá viu o que Afuwape fez e foi ter com ele. O que você quer?, disse o oleiro divino. Afuwape cumprimentou respeitosamente Ajalá e confessou o motivo de sua visita: Preciso de uma boa cabeça para ir ao mundo. Ajalá concordou em escolher para ele uma cabeça. Mas antes precisava comer.

Afuwape acompanhou Ajalá em seu almoço sem se perturbar. Ajalá sentou diante de uma panelinha de barro e cozinhou uma sopa malcheirosa, temperada com cinzas de carvão. Vendo aquilo, Afuwape disse O senhor conhece isso? e estendeu um pouco do sal que Orunmilá havia dado. Ajalá pegou o tempero, bem pouquinho, e misturou na comida. Ele nunca tinha provado aquilo! Ajalá comeu, comeu, comeu, como nunca havia comido. Depois de muito tempo comendo, Ajalá disse Vem comigo! Vou te dar a melhor cabeça que tenho.

Chegados à casa, Ajalá batia suavemente em suas cabeças feitas de barro e dizia Essa não: é muito dura. E outra. Essa também não: é muito mole. E mais uma. Essa de jeito nenhum: é oca. Até que Essa sim: não é nem dura, nem mole, nem fria, nem quente. E não é oca também. Essa é a melhor cabeça que tenho. É sua agora, Afuwape. O filho de Orunmilá agradeceu muito e foi nascer no mundo.

Os três amigos estavam vivendo no mundo. Oriseku e Orileemere não tinham escolhido boas cabeças. Viviam brigando, não haviam prosperado e não conheciam a felicidade. Afuwape, ao contrário, tinha uma boa cabeça. E por isso tinha uma boa vida, com filhos, saúde, longevidade e riqueza. Afuwape tinha felicidade.

Dessa história muito pode ser retirado. Não há dúvida. Quis trazê-la aqui só por uma razão. Afuwape e seus amigos queriam vir ao mundo, ao Ayè, queriam nascer. E para isso precisavam de uma cabeça. O que deveria dispensar qualquer justificativa, afinal todos precisamos de uma. Mas a tal cabeça de que falamos nessa narrativa não é exatamente aquela que fica acima dos ombros, pregada nos pescoços, com nariz, boca, olhos e orelhas. Na verdade, o conto de Afuwape fala da escolha do *Ori*, a cabeça espiritual, aquela em que está contido nosso destino. Portanto, a escolha de Afuwape não é a escolha da cabeça física, mas a do destino pessoal, que se relaciona com as possibilidades individuais de experiência existencial no mundo. É isso o que Yunusa Salami (2015) diz ser *akunleyan*, "aquilo que escolhemos de joelhos". Em outras palavras, cada um de nós escolhe seu próprio destino antes de nascer no Ayè; escolhe humildemente, como deve ser a condição de quem deseja nascer no mundo.

Bem... é disso que se trata a condição de Orunmilá como *eleripín*, revelada nesta história de Ogbe Ogunda: ele é testemunha da escolha do *Ori*, portador do destino. Note que o papel de Orunmilá é oferecer aconselhamento para que a melhor escolha pudesse ser feita por Afuwape. Como personagem, ele não está presente no momento preciso em que Ajalá entrega sua melhor cabeça, podendo mesmo ser denunciada sua ausência nessa hora. Mas Orunmilá estava lá de outro modo. Estava na medida em que Afuwape seguia suas orientações e só pode merecer a melhor cabeça da olaria de Ajalá porque cumpriu com os conselhos recebidos. Orunmilá assim é *eleripín*, o testemunho do destino. Ou, dizendo de outra forma melhor acabada, Orunmilá é **testemunha da escolha do destino**.

Ainda é preciso acrescentar mais um aspecto para a compreensão do termo *eleripín*. Orunmilá também é chamado de *ibikeji Olodumare*, aquele que está ao lado de Olodumare no momento da Criação do universo. Mas é bom que se diga que, para o modo de pensar iorubá, a Criação nunca estará completa; ela é um processo constante, eternamente inacabado, ou, para dizer talvez de modo mais poético, a Criação conhece um estado de infinito brotamento. De tal forma que Orunmilá continua, e continuará ao lado de Olodumare enquanto a Criação ocorre. Ou seja, sempre. Dessa maneira, Orunmilá também **testemunha o destino de tudo o que existe**. Então, o que temos aqui é uma questão de grandezas: sua condição enquanto *eleripín* permite que esteja presente como testemunha de todo o processo de incessante produção de realidades do universo, do mesmo modo que, na escala do humano, testemunha a escolha dos destinos pessoais. *Orunmilá eleripín! Orunmilá, ibikeji Olodumare!*

Outro nome atribuído a Orunmilá é *Agbonniregun* (ABIMBOLA, W., 1997; BASCOM, 1969). Segundo o que pode ser encontrado nos versos do Odu Ifá Ogbe Ofun, Orunmilá é chamado de *agbon y ima ni iregun o!*, "este coco tem de ter vida longa". Outra leitura para a mesma designação pode ser encontrada no Odu Ifá Irete Ogbe, em que se diz *agbon ti o regun*, "coco que jamais será esquecido". Ainda uma terceira alternativa se apresenta com *agbon Oniregun*, que pode ser traduzido por "cocos da censura". Bascom menciona um divinador de Ilé Ifé chamado Awodire que explicou esta última versão através de uma história em que Orunmilá repreende seu filho, Amosun, por não ter agido de maneira aceitável com ele próprio, seu pai, e o povo da cidade de Oketase. Amosun foi desonesto e desrespeitoso, e ainda comeu todo o coco que Orunmilá havia trazido para alimentar as pessoas daquele lugar. Daí se retirar a sentença dos "cocos da censura", como referência à reprimenda feita por Orunmilá à má conduta de seu filho, Amosun (BASCOM, 1969).

Note que, nos três casos, *agbon*, o coco, aparece na raiz do nome. Então é preciso destacar que os frutos do dendezeiro (*Elaeis guineensis*), das árvores de obi (*Cola acuminata*), de orogbo (*Garcinia kola*) e igualmente do coqueiro (*Cocos nucifera*), possuem utilizações diversas como recursos de consulta oracular. Sobre isso podemos supor que a referência ao *agbon* na raiz do nome *Agboniregun*, confirmaria a relação de Orunmilá com os trabalhos oraculares da divinação. Para complicar um pouco esta reflexão, porém, devo admitir que a utilização do coco como recurso oracular parece ser uma substituição ao obi e ao orogbo promovida nas diásporas americanas, não sendo utilizado assim no ambiente africano. De qualquer maneira, *Agboniregun* parece se referir sim à longevidade, à memória ou à ética. Afinal, qualquer uma destas possíveis traduções deve ser admitida como atributo associado a Orunmilá; seja por sua capacidade de promover a saúde e a vida longa, seja por garantir que não esqueçamos do que é fundamental, ou ainda para não nos fazer abandonar as regras mais elementares da boa conduta.

Orunmilá é nomeado de muitas formas. E todas elas nos trazem ao mesmo ponto: ele é a divindade da inteligência, do conhecimento e da sabedoria. Disso já alcançamos alguma compreensão. E não quero me repetir. Porque ainda seria útil precisar que tipo de inteligência, conhecimento e sabedoria estão em jogo quando fazemos afirmações dessa natureza. Veja, Orunmilá também é chamado de *a kere finu sogbon*, algo como "a criança pequena que tem sabedoria" (SALAMI, Y., 2015) ou ainda "aquele cuja vida é conduzida pela sabedoria" (SALAMI, S., 1999); ele é *a koniloran bi yekan eni*, "aquele que ensina com sabedoria como se fosse de sua família" (ABIMBOLA, W., 1997). Orunmilá é igualmente *Ogbón Ile ayè*, "a sabedoria da terra", *opitàn Ile Ifé*, "o historiador da terra de Ifé" (ABIMBOLA, W., 1975). Ele é *akowe*, o escritor; é o "intérprete entre os deuses e os humanos", *Agbonfo*, e "aquele que explica", *Onitumo* (BASCOM, 1969). Orunmilá é de maneira semelhante lembrado como *okitibiri*, "o grande transformador", e *a-pa-ojo-Iku-da*, "aquele que pode alterar o dia da morte" (SALAMI, S., 1999). Curiosamente, ele é chamado de *eniyan ti ko ni Egungun* o "homem sem ossos", ou "aquele que não tem ossos" (ABIMBOLA, K., 2005; MAUPOIL, 2017), indicando sua flexibilidade, sua capacidade de adaptação e – porque não dizer? – sua estranheza. Então, Orunmilá seria o sacerdote, o sábio, e também o professor, o escritor, o filósofo, o intérprete, o arquiteto e o médico. O que podemos tirar daqui?

Orunmilá, enquanto personagem das narrativas do corpo literário de Ifá, é apresentado principalmente como sacerdote. Ele é o *babalawo*, o "pai do segredo" (em que *baba* é pai e *awo*, segredo), aquele que domina e manipula os conhecimentos contidos em Odu Ifá. Quero desenvolver melhor essas ideias mais à frente. Por enquanto, parece-me ser necessário esclarecer que tipo de inteligência é essa de que falamos ser Orunmilá possuidor. Levei esta questão para o babalawo Ifásinmi, que me respondeu da seguinte maneira: "Orunmilá é a consciência de Olodumare. Ele é responsável pela realização da continuidade do projeto de Olodumare. Por isso Orunmilá é ligado ao pensamento, à inteligência e à **razão**". Perguntei então como uma divindade, como qualquer outra, ligada necessariamente ao que é religioso, místico, sagrado, poderia estar igualmente de par com o racional. Isso não seria contraditório? Ifásinmi respondeu que de forma alguma. Esse pode ser um problema para outras tradições religiosas, não para o pensamento iorubá, em que fé e razão parecem muitas vezes estar combinadas. Disse que Orunmilá, através de suas histórias, repetidamente se apresenta como a divindade/personagem que aconselha o bom uso da razão, como ponto de equilíbrio entre a emoção e a vontade. O que nos leva a crer que esta inteligência de Orunmilá da qual falamos todo o tempo é fundamentalmente racional. Indaguei ainda a Ifásinmi que segredo é esse que detém o *babalawo* nos dias de hoje, quando tudo está disponível, quando tudo é acessível, quando não parece mais haver espaço para segredos. Ele sorriu e disse que se o *babalawo* é o pai do segredo, é porque Orunmilá é "o senhor dos obscuros segredos de cada um de nós". Que a tarefa do *babalawo* não é somente conhecer, mas **interpretar** o que conhece com sabedoria, a exemplo do que faz Orunmilá em suas histórias. O babalawo, como representante de

Orunmilá no mundo, deve ser capaz de explicar e esclarecer o que é enigmático para os humanos. E isso significa dizer, não só o que é desconhecido, mas também o misterioso, ou seja, aquilo que não conseguimos entender acerca de nós mesmos. Desculpe o aparente pedantismo, mas Orunmilá, entre tantos atributos de inteligência, é pura hermenêutica.

No meu entendimento, falta apenas mais um ponto para encerrar esta curta apresentação. O nome Orunmilá aparece com frequência ao lado de outro, ainda mais pronunciado e por isso mesmo mais conhecido: **Ifá**. Não consegui mesmo desviar da relação entre os dois nomes enquanto desenvolvia o raciocínio até aqui. Gostaria de ter podido chegar a este momento sem que qualquer menção a Ifá houvesse sido feita, deixando o melhor para o final. Mas isso foi impossível. De fato, as relações entre um nome e outro, uma divindade e outra, precisam ganhar espaço especial nesse pequeno ensaio, visto que não é incomum identificar alguma ambiguidade e desorientação sobre a matéria. Apesar de verdadeiramente não haver muita razão para isso, devo dizer, visto que as coisas costumam ser mais simples do que parecem.

Todos os autores que já se debruçaram sobre o assunto indicaram qual a natureza do parentesco entre Ifá e Orunmilá, sempre chegando a conclusões semelhantes. Posso citá-los:

> De todas as divindades as quais os iorubás dão atenção às revelações e interpretações sobre as questões da vida, Orunmilá assume a posição de liderança. Observamos sua estreita relação com Olodumare na crença iorubá, bem como as funções que lhe são cometidas nos negócios do mundo. Orunmilá é consultado por meio de um sistema geomântico de divinação, conhecido como Ifá. (IDOWU, 1996, p. 100)

Com muita clareza Idowu aponta para o ponto central que aqui se desenvolve: Orunmilá é a divindade que consulta o oráculo de Ifá. Chamo a atenção para o fato deste texto ter sido escrito há mais de 50 anos, a partir de pesquisas etnográficas realizadas na Nigéria, logo após sua independência política, em 1960. Mais adiante Idowu completa a relação entre Orunmilá e Ifá:

> Tem havido uma confusão geral entre Orunmilá e Ifá; vem sendo pensado ou dito que os dois nomes são sinônimos. Na verdade não são. Orunmilá é o nome da divindade do oráculo, enquanto tecnicamente Ifá é o sistema geomântico, ou ciência, ou metodologia, por meio da qual o Odu relevante é obtido através da inspiração de Orunmilá. [...] A confusão de Orunmilá com Ifá parece ter vindo para ficar. Ao declarar um oráculo [uma predição], o babalawo invariavelmente começa com 'Assim diz Ifá', ou 'Este é o odu manifestado por Ifá', ou 'Este é o veredicto de Ifá'. (IDOWU, 1996, p. 101)

Idowu se referia a uma "confusão" que parecia ter "vindo para ficar" entre os nomes de Orunmilá e Ifá. No entanto, a diferença indicada torna clara a relação entre os dois. Muito embora Ifá e Orunmilá sejam nomes diferentes para a mesma divindade, associada à inteligência, ao conhecimento e à sabedoria, Ifá pode ser entendido como o oráculo e Orunmilá como aquele que o manipula. Nesta mesma linha, William Bascom publicou, poucos anos depois de Idowu, seu extenso e fundamental trabalho em que corrobora a posição desse autor:

> Do mesmo modo que outras divindades Yorubá, Ifá tem vários nomes diferentes e dezenas de longos nomes encomiásticos. [...] Ifá aparece com frequência nos versos como Orunmilá.

Mas dentre seus vários nomes apenas Ifá é usado ao se falar do sistema de divinação. Em consequência, tem-se sustentado que o nome Ifá se refere exclusivamente ao sistema enquanto Orunmilá se refere à divindade que o controla. (BASCOM, 1969, p. 85)

Note que Bascom acrescenta mais um aspecto importante para a compreensão de Orunmilá, na medida em que o situa como uma espécie de personagem das histórias de Ifá. Ou, dizendo de outra maneira, que Orunmilá é a divindade que controla o sistema divinatório de Ifá em suas muitas narrativas. Seguindo a mesma tendência de leitura, Wande Abimbola escreveu pouco tempo mais tarde que:

No entanto, da minha pesquisa, parece que os nomes, Ifá e Orunmilá, referem-se à mesma divindade. Mas enquanto o nome de Orunmilá refere-se exclusivamente à divindade mesmo, o nome Ifá se refere tanto à divindade quanto a seu sistema divinatório. A maioria dos sacerdotes de Ifá que entrevistei possui esse ponto de vista. Isso é corroborado por Bascom que afirma: a palavra Ifá é usada para designar tanto o sistema divinatório quanto à divindade que o governa: e esta divindade é também conhecida como Orunmilá. Um exame cuidadoso do corpo literário de Ifá também nos mostra que os nomes Ifá e Orunmilá são usados para se referir à divindade, enquanto o nome de Ifá também é usado para o sistema divinatório. (ABIMBOLA, W., 1997, p. 6-7)

Mais outro autor de origem iorubá que certifica esta corrente de pensamento, Sikiru Salami oferece a mesma distinção de forma sintética e clara:

O nome Orunmilá refere-se exclusivamente à divindade, enquanto Ifá refere-se simultaneamente à divindade e a seu sistema divinatório. (SALAMI, S., 1999, p. 78)

Uma análise ainda mais complexa do ponto de vista teológico é oferecida por Adewuyi. Observe a relação que o autor estabelece entre Ifá e Orunmilá, bem como a importância de Olodumare na organização do sistema:

> Ifá é um sistema ordenado, ou um oráculo de investigação, desenvolvido por Olodumare, através de uma de Suas numerosas divindades para transmitir a tradição divina a todos os homens em toda a extensão do universo. A divindade usada foi Orunmilá, a divindade da sabedoria, conhecimento, compreensão e a protetora da fortuna e doadora da verdadeira vida. [...] Olodumare apresenta Ifá a Orunmilá por meio de uma energia maior chamada Odu. [...] Enquanto Orunmilá apresentava Ifá ao mundo dos homens e a outras entidades invisíveis, mais ainda, às feras da selva, aos pássaros no céu, aos peixes no oceano, aos ratos no mato, às cobras que rastejam e a outros animais domésticos e ferozes da selva. (ADEWUYI, 2018, p. 8-9)

Mais adiante Adewuyi acrescenta outros dois elementos desta complexa relação, informando que Olodumare se comunica com o mundo através da **palavra** e de um **padrão divino** (identificado aqui inteligentemente como Odu) e que são **explicados** por Orunmilá:

> Ifá então deve ser visto como uma manifestação divina e como revelação da sabedoria e do conhecimento de Olodumare, traduzido em Oro (palavra) e Odu (assinatura ou padrão divino) e explicado ao mundo por uma divindade chamada Orunmilá, para que os enigmas existentes em todos os níveis da

existência possam ser explicados aos homens de carne e osso. (ADEWUYI, 2018,p. 12)

Para insistir nesta abordagem, Yunusa Kehinde Salami lança mão dos trabalhos de Moses Akin Makinde (um dos maiores filósofos africanos do século XX) e Wande Abimbola para avançar um pouco mais sobre este tema:

> Assim, podemos avaliar a capacidade reveladora de Ifá como meio de divinação. A imputação de um poder divino e sua consideração como divindade dá alguma credibilidade a Ifá como fonte de divinação para obtenção de conhecimento além da cognição imediata. Makinde, concordando com Wande Abimbola e alguns outros autores, "identifica Ifá com Orunmilá, o proprietário ou possuidor de sabedoria e conhecimento". Makinde vai mais longe ao afirmar que Orunmilá, através de Ifá, trouxe ao mundo tal conhecimento que se apresenta como ramos de uma ciência da natureza (física), animais (biologia), plantas (botânica), plantas medicinais (fitoterapia), encantamentos (ofó) e todas as ciências associadas à cura de doenças (medicina). (SALAMI, Y., 2015, p. 98)

Com esta sucessão de autores notáveis que escreveram sobre o tema, acredito que podemos concluir com alguma simplicidade que Ifá é outro nome de Orunmilá e igualmente o sistema divinatório do qual Orunmilá é o patrono. Também é possível presumir que a inteligência, o conhecimento e a sabedoria dos quais Orunmilá é investido relacionam-se aos conteúdos da literatura oral de Ifá. Da mesma maneira, Orunmilá é o personagem das histórias do corpo literário de Ifá, sempre apresentado como o sacerdote (babalawo) que consulta o oráculo. Como personagem, Orunmilá é o sábio, o conselheiro, podendo desta forma assumir também os papéis de professor, médico, filósofo, tradutor, intérprete e até diplomata. Orunmilá pode ser rico ou pobre, ter casa ou não, ser o andarilho que percorre as cidades aprendendo e ensinando seu ofício, ser perseguido por inimigos venais ou contar com a proteção dos reis.

Creio que a relação entre Ifá e Orunmilá esteja devidamente esclarecida com o apoio dos muitos pesquisadores que citei. Mesmo assim, quero terminar esta rápida investigação com mais um autor. Kola Abimbola – filho de Wande Abimbola e, como o pai, babalawo, pesquisador e acadêmico – acrescenta o que chama de "seis camadas de significados" à palavra Ifá. Segundo ele, (1) Ifá é outro nome de Orunmilá, "o deus do conhecimento e da sabedoria"; (2) Ifá é o sistema de divinação, também conhecido como *Ifá dídá*; (3) Ifá é o corpo literário em que se encontra o conhecimento dos "Textos Sagrados da Religião Iorubá"; (4) Ifá, ou *ese Ifá*, são os poemas de que são compostos os "textos sagrados", acessados durante a consulta oracular; (5) Ifá é o conhecimento das ervas medicinais e seu preparo como medicina; (6) e, finalmente, os poemas de Ifá possuem a função de encantamento, ou de "palavras de poder" (*ofó*), para a realização dos trabalhos mágicos e sacerdotais (ABIMBOLA, K., 2005, p. 47).

O alto nível da reflexão de Kola Abimbola torna sua citação aqui obrigatória. Mas quero ressaltar nestes trechos que destaquei a qualidade didática da qual se vale para organizar o complexo conhecimento que Ifá supõe. Note que Kola menciona "seis camadas de significados". Isto não só disciplina o que é preciso saber sobre o assunto, mas evita igualmente a presunção de uma hierarquia interna, em que fosse possível admitir uma escala de importância ou valor entre suas diversas facetas, em que uma se colocasse como mais relevante que outra. Por isso deixei para trazer esta passagem por último, exatamente para permitir com sua ajuda um ordenamento conclusivo sobre o que disse até aqui.

Mais uma coisa. Estive pessoalmente com Kola algumas vezes. Em uma dessas ocasiões, sugeri que talvez pudéssemos acrescentar a essas seis camadas de significados de que falava uma sétima: Ifá como um modo de pensamento. Entenda, não somente como filosofia – o que já seria suficientemente profundo –, mas como um mecanismo para pensar, um pretexto ou ponto de partida, usando o conjunto de suas narrativas para retirar delas o necessário para uma vida inteligente e feliz. Recordo que concordamos alegremente sobre isso. Então, por último, aí vai: **Ifá é um modo de pensamento**. Volto a esta questão mais adiante.

O que temos até aqui? Sabemos que Orunmilá é um orixá, identificado com a **inteligência**, o **conhecimento** e a **sabedoria**. Sabemos também de seus muitos nomes, títulos e atributos, que ajudam a confirmar seu caráter de divindade dedicada ao cuidado **racional** com os humanos; coisa aliás curiosa, em se tratando de um sistema divinatório, na boa parte das vezes suposto como místico. Conhecemos sua importância como **testemunha do destino**, como aquele que está ao lado de Olodumare durante a Criação inesgotável do universo e como o intérprete entre os deuses e os humanos. Vimos também que Orunmilá é conhecido como **Ifá**. E para ter sólido o argumento sobre isso, convoquei o auxílio de diversos autores que dizem que Ifá é outro nome de Orunmilá, ao mesmo tempo em que é igualmente o oráculo do qual Orunmilá é patrono. Bem... quero seguir a partir daqui e tentar responder à seguinte pergunta: o que está em jogo quando nos referimos ao oráculo de Ifá? Ou, dizendo de outra maneira, o que é preciso saber sobre o oráculo do qual Orunmilá é o patrono?

O ORÁCULO DE ORUNMILÁ

Tempos atrás entrevistei um sacerdote de orixá cubano, a quem chamamos *Obá Oriate*. Seu nome era Ivan Candido Martinez Quintana, Oshunlaibo, homem inteligente, altivo e desconfiado. Encontrei-o na casa do grande babalawo carioca André Bruno Nery, Ifá L'Ori. Falamos bastante das muitas diferenças religiosas entre a ilha caribenha e o Brasil. Conversamos a respeito do que ele chamou de "distorções" ocorridas por aqui e as consequências delas para o campo religioso afrodescendente brasileiro. Esse, porém, é assunto para outro trabalho. Por ora quero lembrar do final de nosso encontro. Depois de mais de duas horas de prosa agradável, perguntei a Ivan como definiria Ifá. A resposta que me deu foi das mais expressivas e encantadoras que já tive. Ele levantou um pouco a cabeça, apontando o queixo em minha direção, sem com isso desviar seus olhos dos meus: "Ifá é como um deserto..." Disse severo, fazendo uma pausa dramática, que durou talvez dois segundos, ou duas horas, ou dois dias. Então completou: "...nós nunca saberemos quantos grãos de areia ele tem; da mesma maneira, nós nunca saberemos tudo o que há para saber em Ifá." O instante passou, como sempre acontece. Mas ainda dura o efeito de sua resposta.

Ifá é como um deserto. Lembro que, quando estive preso entre os tempos de seu silêncio, imaginei brevemente que Ivan falaria alguma coisa sobre secura, aridez ou infertilidade, o que me causou surpresa momentânea e decepção transitória. Mas não: a metáfora era sobre grandeza, infinitude, amplidão e multiplicidade. Ivan Candido Martinez Quintana, Oshunlaibo, confirmou com delicadeza poética o que tantos outros sacerdotes de Ifá vêm me dizendo nos últimos anos: Ifá é muitas coisas; tantas que não podemos saber tudo o que nele está contido. Como dizem os versos do Odu Ifá Otrupon Meji, "ninguém é tão inteligente a ponto de ser capaz de contar todos os grãos de areia que existem no mundo; ninguém é tão sábio a ponto de ser capaz de recitar todos os provérbios que existem no mundo." Ninguém; nem mesmo Otrupon.

Ifá é muitas coisas. Tive a chance de apresentar esta ideia algumas páginas atrás. E por esta razão sabemos que Ifá, entre tantos significados possíveis, é outro nome de Orunmilá; que igualmente é o oráculo manipulado por Orunmilá, e que é também como chamamos o corpo literário que dá suporte a este mesmo sistema oracular. São informações corretas, não resta dúvida. Porém, como tem se tornado comum neste ensaio, saber disso não deve ser o bastante. Mesmo porque, apesar de já haver apontado a coincidência de usos diferentes para o nome *Ifá* – embora considerando as óbvias analogias entre eles –, talvez isso tudo ainda pareça um tanto confuso. Mas não é verdade. Então, para melhor ordenamento do raciocínio, vamos por partes.

Sobre os oráculos de maneira geral, é preciso dizer, que são conhecidos desde há milhares de anos. Não importando se sua consulta fosse feita através de ossículos, pedras, conchas ou sonhos (RIBEIRO, S., 2019). É muito provável que tenham surgido como os primeiros recursos de investigação daquilo que era **misterioso, secreto** ou simplesmente **desconhecido**. De tal maneira que a presença de recursos oraculares talvez esteja vinculada à tentativa de dar sentido ao que parece ser pura desordem e caos (SOUSA, 2004). Além disso, sempre estiveram relacionados à comunicação com os deuses e, portanto, com os aspectos da vida sagrada. Desta forma, podemos presumir, com alguma singeleza, que a recusa humana de se manter ignorante diante da realidade produziu o sagrado; e isso bem antes da ciência, sendo estritamente necessário reconhecer ambos como formas de conhecimento legítimos e, a seu modo, equivalentes (ELIADE, 2008; ORTEGA Y GASSET, 1983). Porque se o rito sustenta o sagrado, como representação e recurso de acesso, a técnica e o método fazem o mesmo em qualquer empreendimento científico. Pensando assim, o que temos aqui é uma questão de modo, e não de fundamento. Porque, afinal, aquilo que pode definir o sagrado e a ciência, enquanto instâncias singulares de saber, é a uma reflexão sobre valor, e não sua condição como teorias do conhecimento. O que nos leva a concluir que os **sistemas oraculares são formas de conhecimento**, e também **meios para obtenção de conhecimento**. E é neste sentido que o oráculo de Ifá, do qual Orunmilá é patrono, se mostra tão expressivo.

Além disso, sistemas oraculares podem ser formas de reconhecer singularidades religiosas. De alguma maneira eles falam não só dos destinos humanos; permitem igualmente pensar sobre quem são os humanos dos quais falamos, como projetam suas interações sociais e históricas, e – quem sabe? – como chegaram a fazer o que fazem. Pensando assim, **os sistemas oraculares são também importantes enquanto indícios**. Entenda, não é nada fácil perseguir as **pistas** que levaram à formalização de um oráculo. E talvez seja muito provável que qualquer tentativa nesse sentido acabe por chegar a alguns impasses difíceis de superar, o que poderia, com certo perigo, abrir espaço para especulações, ou se mostrar impraticável e insuficiente. Mesmo assim, quero falar uma ou outra coisa a este respeito.

Parece ser comum entre muitos estudiosos a opinião de que o oráculo de Ifá é derivado, adaptado ou herdado de outros sistemas oraculares. Dizendo de maneira direta e clara: **o oráculo de Ifá não é originalmente iorubá** (BASCOM, 1969; LUCAS, 2001; MAUPOIL, 1943, 2017; MONTEIL, 1931). Por mais que isso possa parecer estranho ou revelador para alguns, existe farto material sobre o assunto, há muito tempo publicado e conhecido, além de substanciais evidências que sustentam a ideia. E, entenda, isso em hipótese alguma deve desmerecer ou trazer dúvida sobre sua eficácia, ou até mesmo, se puder me expressar dessa maneira, sua singularidade. Ao contrário, torna ainda mais instigante o ânimo para sua investigação. Senão, vejamos.

Uma das versões mais aceitas sobre as origens do oráculo de Ifá entre os iorubás é a que o coloca como herdeiro da **geomancia árabe** (MAUPOIL, 1943, 2017; MONTEIL, 1931). E na verdade, não só o oráculo de Ifá para os iorubás, mas diversos outros sistemas oraculares espalhados pelo continente africano. Segundo o etnólogo francês Charles Monteil, em um trabalho muito pouco conhecido entre nós brasileiros, os oráculos dos povos **berberes**, do norte do continente – "que utiliza(m) os meios importados pelos muçulmanos vindos da África do Norte ou do Oriente Próximo" (MONTEIL, 1931, p. 59) –; os **bambaras**, oriundos da região vizinha aos afluentes do Níger superior e médio; os **gurmas**, da margem direita do Níger; os **daomeanos**, das regiões dos atuais Benim, Togo e Gana; além dos **malgaches**, da ilha de Madagascar; todos guardam grande semelhança uns com os outros e cada um deles com uma origem comum. Em alguns casos, podemos perceber o apelo maior concedido à astrologia – como é para os berberes e malgaches –, em outros aos sinais de identificação do sistema oracular – notadamente entre os iorubás e daomeanos. O fato é que parece haver, sim, uma *genealogia* minimamente identificável desses sistemas oraculares em relação à geomancia árabe.

Uma observação necessária: chamamos de geomancia à divinação realizada através da manipulação de terra, pedra ou areia. Desta maneira, podem configurar objeto para sua interpretação sinais aparentemente aleatórios de um terreno, os desenhos formados pela terra que cai no chão depois de ter sido arremessada, o específico alinhamento de pedras jogadas a esmo, ou a marcação de traços riscados em uma superfície arenosa. A geomancia árabe, e algumas de suas heranças oraculares, como as que deixei indicadas no parágrafo anterior a partir de Monteil, traça sinais no solo e retira deles o conteúdo de suas "profecias". Lembrando o que me disse Ivan Candido Martinez Quintana, Oshunlaibo, sobre Ifá ser como um deserto, posso concordar mais uma vez com ele, pensando agora nas areias em que se inscrevem os conhecimentos oraculares.

Uma das referências históricas da chegada de Ifá no território iorubá nos foi dada pelo reverendo Samuel Johnson, em seu livro famoso *The history of the yorubas*, de 1897. Na verdade, "referência histórica" não é bem o que se pode dizer sobre o que nos contou o sacerdote anglicano. É muito mais um mito de fundação para o povo iorubá e um argumento de sustentação para a conquista de seu conhecimento oracular. Johnson escreveu sobre o conto de **Setilu**, um homem que nasceu cego, quase foi morto pelos próprios pais por esta razão, e acabou por revelar-se um divinador excepcional. Setilu teria sido de origem nupe (uma população vizinha aos iorubás, a noroeste do rio Níger). Foi expulso de sua terra pelos muçulmanos e se estabeleceu entre os iorubás, na cidade sagrada de Ilê-Ifé, desenvolvendo suas artes divinatórias através dos *ikins* (caroços de dendê). Nestas condições formou discípulos e prosperou como sacerdote de Ifá (JOHNSON, 2010). E pronto. O que se poderá retirar desta pequena história?

A condição da cegueira de Setilu pode ser muito bem comparada à dos adivinhos cegos de muitas outras tradições culturais. O que, de certa maneira, não contribui em nada para a reflexão acerca de sua presença na história iorubá. Talvez possamos considerar como um provável indício das inúmeras e mútuas influências entre diferentes sociedades africanas, mediterrâneas e orientais de que temos notícia. Não me arriscaria a seguir adiante com comparações dessa natureza. E a rigor, sua cegueira pode ser compreendida como um aspecto de interesse secundário. O que me parece chamar a atenção aqui, porém, é que o exílio de Setilu teria sido imposto por mulçumanos, incomodados com suas habilidades de adivinho, de uma região relativamente próxima às áreas de predominância iorubá. Ou seja, isto denunciaria o contato entre populações islamizadas mais ao norte e um vestígio da transferência de conhecimentos oraculares. De resto, as múltiplas relações comerciais daquelas regiões e o trânsito de caravanas com milhares de mercadores transportando tecidos, marfim, obi kola, sal, ouro, produtos de couro, gado, escravos, especiarias, entre outros tantos produtos, são extensamente documentadas, não havendo necessidade de buscar uma justificativa excepcional para que suas sociedades tivessem reciprocidade e comunicação (ALAGOA, 2010; ASIWAJU, 2010; LOVEJOY, 2002). Setilu, então, seria um elo mítico entre as populações islamizadas do norte e os iorubás mais ao sul; um elo que estabeleceria uma possível conexão de práticas divinatórias. Parece que reside aí sua importância nesta história.

As semelhanças da consulta oracular entre os fon (onde é chamada *Fá*) e os iorubás (que já sabemos se tratar de *Ifá*) também podem ser mencionadas como prováveis indicadoras da relação com a geomancia árabe. Maupoil (1943, 2017), por exemplo, estava convencido desta origem comum. Isto ficaria demonstrado através dos procedimentos divinatórios, com a divisão dos conteúdos da literatura oral em 256 índices – digamos assim – e dos nomes relativamente comuns que possuem; na disposição e heterogenia de suas divindades, muitas delas guardando grandes semelhanças relativas às suas caracterizações; na utilização de objetos de consulta oracular baseados nos *ikins* e em seus mitos de origem análogos – ora envolvendo 16 palmeiras que ofereciam 16 *ikins* cada uma, ora 16 palmeiras que doavam apenas um *ikin* com 16 orifícios cada –, entre outras aproximações. Mas há uma passagem particularmente interessante em seu clássico *A adivinhação na Costa dos Escravos*, em que Maupoil nos informava que os sacerdotes de Fá são chamados *bokonos*, e que correspondem aos babalawos iorubás. Nessa hora, em uma pequena nota citando o orientalista C. H. Becker, Maupoil ofereceu outra possível explicação para o nome *babalawo*, geralmente compreendido como "pai do segredo". Segundo Becker, um sábio da cidade de Kano sugeriu-lhe que babalawo poderia ser traduzido do árabe da seguinte maneira: "*baba = Abu; ala = sahib; awo = chatt*, ou seja, aquele que executa o Chatt, isto é, o oráculo de areia" (MAUPOIL, 2017, p. 56). Apesar de Maupoil citar Becker, usando o termo *Chatt*, como o "oráculo de areia", o sistema oracular de origem islâmica de que tenho notícia com maiores semelhanças às marcações de Fa ou Ifá é chamado de *ilm al-raml*, "a ciência da areia". Mesmo assim, esta tradução proposta pelo sábio de Kano poderia ser mais um entre tantos indícios da ascendência árabe dos oráculos fon e iorubá, pelo menos. Mas não ficamos por aqui.

Outros autores foram ainda mais longe, associando a religião iorubá às tradições do Egito antigo (LUCAS, 2001). É muito provável que esta identidade tivesse forte conteúdo político e ideológico. Tratava-se da ocasião em que se encontravam fortalecidas as lutas em favor dos nacionalismos africanos e o nascente pan-africanismo do pós-guerra (a partir de 1945). De tal maneira que a identificação da religião iorubá com o antigo Egito parecia garantir um forte componente do orgulho africano, certificando a *linhagem nobre*, a herança majestosa, a "relação genética" com os faraós dos vales férteis do Nilo. Uma das justificativas utilizadas por Olumide Lucas, por exemplo, era a afinidade de inúmeras palavras em iorubá e egípcio antigo. Segundo ele,

> Todas as palavras iorubás aplicadas a elementos da vida religiosa e social são de origem egípcia. Por exemplo, as palavras iorubás para o sol, o firmamento, os céus, as estrelas, homem, mulher, menino, menina, morte, espírito, água, coração, cabeça, corpo, e uma série de outras, são todas de origem egípcia. (LUCAS, 2001, p. 342)

Lucas (2001, p. 342) seguiu dizendo que a "impressão do Egito nela [na religião iorubá] é clara e indelével". Além do idioma, apontava a sobrevivência de costumes egípcios entre os iorubás, a identidade religiosa, a crença em uma vida após a morte, a importância dos nomes enquanto guardiões da potência individual, a existência de espíritos protetores, entre outros traços que, segundo ele, comprovavam o parentesco. Mas não são bastantes estas suposições sobre o assunto das origens. Outros autores ainda sugerem que a procedência de Ifá poderia estar ligada aos antigos gregos, persas ou chineses. Estas provavelmente são genealogias bem mais difíceis de acompanhar as trajetórias.

Entenda, leitor, que nenhuma dessas possibilidades de análise deve ser tomada como verdade absoluta. Da mesma forma que não podem ser descartadas com descortesia ou simplismo. Elas são versões, em torno das quais existe um perigoso campo minado, é verdade, em que se disputa o monopólio das origens – seja da religião iorubá, seja do oráculo de Ifá, do qual Orunmilá é o patrono, seja até mesmo da identidade étnica ou nacional –, utilizando para tanto os mecanismos de manipulação ideológicos e políticos, que nem sempre estão de par com as coisas do espírito. O fato que acaba por se impor é que o sistema oracular de Ifá e o patrimônio cultural de seu extenso corpo literário possuem um inquestionável nível de complexidade, não só conceitual, mas igualmente histórico. Parte disso se deve às justaposições religiosas que foram produzidas ainda em solo africano, multiplicadas extraordinariamente pela imposição das condições diaspóricas nas Américas, e que só com bastante dificuldade conseguimos entrever. E não param por aí as complicações.

Antes de seguir em frente, parece-me ser importante afirmar a complexidade do sistema oracular de Ifá e do que exatamente se trata essa complexidade. Todos os autores que já se dedicaram à investigação do assunto concordam com isso (ABIMBOLA, K., 2005; ABIMBOLA, W., 1997; ADEWUYI, 2018; BASCOM, 1969; IDOWU, 1996; SALAMI, Y., 2015). E, claro, todos os sacerdotes de Ifá também. Para insistir nesse sentido, Idowu cita os versos que deveria entoar um babalawo depois de seus três primeiros anos de aprendizado:

Isé ni mo se / Kí n tóó mo ifáá dá / Ìyà mi pò l'ápòjù / Kí n tóó mo ibóó gbá / Ètùtù ni mo mò / Kí n tóó mo ilé Olófin Ìwónrán: / Níbi tí wón gbé n d'ájo èésú / Tí wón n fi om o won kó o.

A tradução fica mais ou menos assim:

Foi com extrema dificuldade que aprendi o processo de Ifá. Imensurável foi meu sofrimento antes de ser capaz de saber a diferença entre a direita e a esquerda [de um Odu]; foi depois de conhecer os meios propiciatórios que me foi possível conhecer a casa de Olofin em Ìwórán: onde os iniciados fazem a jornada de Exu, levando seus descendentes para participarem da comunidade. (IDOWU, 1996, p. 102)

Entenda, não parece haver glória na conquista dos neófitos. Os versos falam de dificuldade extrema e sofrimento agudo para aprender o básico, constituindo um lamento e também uma confissão. E conforme a fonte consultada, o aprendizado dos babalawos pode levar três, sete ou vinte anos. Kola Abimbola afirma que um sacerdote de Ifá precisa no mínimo de 15 anos de empenho intensivo, ou 35 de dedicação parcial para completar seus estudos (ABIMBOLA, K., 2005). É mais seguro pensar que uma vida inteira não seria suficiente. Mas, afinal, o que é tão difícil ou tão extenso para aprender? E porque é tão demorada sua instrução?

Para dar início ao argumento, é preciso dizer que **o sistema oracular de Ifá é organizado em torno de 256 Odus**. Por favor: esta é uma informação das mais elementares. Não há pesquisador ou sacerdote de Ifá que não a reconheça de imediato como coisa básica. Por esse motivo, não quero repetir as referências que usei tantas vezes até aqui. Então, vou me valer de outros autores, além daqueles que já citei, para mencionar este arranjo (ADESOJI, 1991;

AYOH'OMIDIRE, 2005; COSTA, 1995; ELEBUIBON, 1999; KARENGA, 1999; LUCAS, 2001; MAUPOIL, 2017). O fato inquestionável é que não existe divergência sobre a questão. São 16 Odus maiores, chamados *Odu Agbá*, e, a partir de suas combinações, outros 240 são criados, conhecidos como *Apolá Ifá* – algo como *segmento* ou *seção* de Ifá, no sentido da criação de uma ordem interna, um index – ou *Omo Odu*, *os filhos de Odu*. Eu explico melhor.

Odu é precariamente compreendido ou traduzido como **destino**. Falo de precariedade como uma concessão gentil. Por que, de fato, este é um entendimento incorreto do termo; e por mais de uma razão. A primeira que pode ser elencada já temos dela notícia. Vimos no capítulo anterior outras palavras em iorubá que dão conta de concepções diferentes e complexas em torno do vocábulo destino, como *kàdárà, ipín, ayanmo* e *akunleyan*. Apesar das conexões existentes entre elas e o que compreendemos sobre o que vem a ser Odu, a relação que possuem é de complementariedade, e não de superposição ou sinonímia.

A tradição afro-cubana, muito presente no Brasil, em particular na cidade do Rio de Janeiro, chama com inteligência os Odu Ifá de **signos**. Mas, por favor, não como os do zodíaco, como muitas vezes são confundidos. Signos no sentido de serem marcas, sinais, figuras, aproximando esta compreensão da semiologia, em que cada signo é constituído por **significante** – o que seria a representação de um objeto por meio de imagem, nome ou palavra – e **significado** – o que expressaria a ideia ou conceito transmitido através do signo (SAUSSURE, 1973). Esta percepção também foi anotada na própria costa africana por autores como Maupoil (2017) e Bascom (1969), sendo verdadeiramente bem mais interessante para compreender aquilo que desejo concluir.

Mas a tradução literal para Odu é *livro cheio*, ou *texto volumoso*, ou ainda *coisa volumosa* (AYOH'OMIDIRE, 2005). Esta concepção parece ser mais fiel ao que se conhece sobre Odu Ifá, na medida em que fundamentalmente pode ser entendido como um extensíssimo conjunto de narrativas, em verso ou em prosa, com um sem número de provérbios, orações e cantigas de louvor aos deuses, receitas medicinais, instruções litúrgicas, entre outros tantos conhecimentos religiosos, filosóficos, mágicos e cosmológicos. Não por acaso, é comum ouvir os babalawos se referirem a cada um dos Odu Ifá como **capítulos** ou **livros** de uma grande literatura oral (GOODY, 2012). Particularmente, prefiro pensar em uma imensa biblioteca, formada por 256 salões abarrotados por uma infinidade de livros, alimentados constantemente por novas edições, novas versões, novos comentários. Como na visão do escritor argentino Jorge Luis Borges, que imaginava o Paraíso como uma biblioteca.

De qualquer maneira, a ideia de uma inscrição (como signo) ser capaz de conter em si uma enorme soma de conhecimentos sobre assuntos os mais diversos (como livros ou biblioteca) é o que parece melhor dar conta do que se entende por Odu Ifá. Desculpe a insistência, mas são estes os argumentos com os quais me sinto autorizado a rechaçar a tradução de Odu como destino. Na verdade, estamos tratando de algo bem mais complexo aqui. Entenda, em apenas um Odu podemos encontrar **mais de cem narrativas diferentes**. Mais de cem narrativas diferentes, que informam sobre como devem se conduzir os humanos no mundo, seus erros e acertos; mais de cem narrativas, que ensinam como devem ser as cerimônias de nascimento e morte, as doenças e suas curas, as iniciações religiosas, os casamentos, os contratos, os conflitos, os amores, as amizades. Mais de cem narrativas, com ainda mais numerosas versões para seus desfechos. De tal forma que me atrevo a dizer que muitas vidas podem caber em apenas um Odu Ifá; muitos destinos podem caber em apenas um Odu Ifá. Logo, Odu não é destino; e Odu também não são "destinos", porque ainda se mostram maiores e mais extensos seus conhecimentos.

Para deixar mais claro o pensamento que estou desenvolvendo, segue um bom exemplo. Quando me referi ao signo relacionado ao Odu, mencionei a relação de um significante (imagem, nome ou palavra) com um significado (ideia ou conceito). Então, o Odu Ifá **Ejiogbe** – como nome ou palavra – está associado a um conjunto de significados, expressos em suas inúmeras narrativas. Além disso, Ejiogbe, como qualquer outro Odu Ifá, possui, uma imagem, um *desenho* próprio. E ele é como mostra a Figura 1.

I	I
I	I
I	I
I	I

Figura 1. Desenho ou grafia do Odu Ifá Ejiogbe.

Com isso posso concluir que **Odu é signo** – como imagem, nome ou palavra –, assim como **Odu é livro** ou **biblioteca**, em razão do tanto de conhecimento que cada um deles contém. Forma e conteúdo. Agora imagine: isso se repete 256 vezes. Vejamos como.

Os dezesseis Odus maiores, os *Odu Agbá*, são nominalmente os seguintes: *Ejiogbe, Oyekun, Iwori, Odi, Iroso, Ojuani, Obara, Okana, Ogunda, Osá, Iká, Otrupon, Otura, Irete,*

Oshe e *Ofun*. É importante salientar que esta ordem pode sofrer alterações conforme suas origens. Maupoil (2017) e Bascom (1969), por exemplo, apontaram sequências diferentes, variando os quatro Odus entre *Iká* e *Irete*. Não custa lembrar que Maupoil realizou suas pesquisas no Benim, entre os fon, enquanto Bascom trabalhou com os iorubás da Nigéria, o que explicaria a mudança. De qualquer forma, a série que apresentei é a da cidade sagrada de Ilè Ifé, e a que com maior frequência se utiliza atualmente em Cuba, Venezuela, México e Brasil, bem como em solo nigeriano. Para atestar esta alegação, basta conferir os muitos tratados latino-americanos de Ifá – alguns deles citados na bibliografia que deixo indicada no final deste volume –, e também as publicações de pesquisadores e sacerdotes de Ifá (CASTRO, 2018; EPEGA, 1999; ESTEVES, 2019; KARENGA, 1999; NELSON, 2002; PÓPÓOLÁ, 1997; TRATADO, 2002). Mesmo o ordenamento feito por Karenga e Epega – que vão combinando os *Omo Odu* de forma a não respeitarem a mesma arrumação de outros autores – obedece à sucessão dos 16 *Odu Agbá*, como registrei anteriormente. E para ser totalmente honesto, ainda preciso indicar a ressalva notável de uma importante publicação brasileira, que altera as posições entre o 11º e o 14º Odu Ifá (COSTA, 1995), da mesma forma como faz a obra monumental de Osamaro (IBIE, 2005). Essas variações, porém, ocorrem sem prejuízo ou contradição dos conteúdos que todos estes autores franqueiam e os sacerdotes de Ifá confirmam.

Muito bem: estes *Odu Agbá* são muito mais frequentemente chamados *Odu Meji*. A palavra *meji* em iorubá é traduzida pelo numeral "dois". Então, reconhecer os *Odu Agbá* como *Odu Meji* é uma referência à duplicação do desenho dos traços dispostos à esquerda e à direita de cada Odu Ifá. A razão, porém, não é somente, ou principalmente, esta.

Na verdade os 16 *Odu Agbá* são tratados como divindades maiores, filhos de Olodumare, **príncipes do destino**, para usar uma expressão feliz de Reginaldo Prandi (2001). Eles assumem identidade humana, vivenciam as tensões e incertezas de qualquer ser vivente, procuram por ajuda, consultam Orunmilá e seu oráculo, vão se encontrar com o pai em seu palácio. Isto pode ser confirmado através de uma extensa coleção de narrativas, encontradas, não por acidente, no corpo literário destes mesmos Odu Ifá. É o caso, só para lembrar algumas delas, da decisão sobre a liderança com a cabeça de touro (Ejiogbe), do falso anúncio da morte de Olodumare (Iroso Meji), do presente das abóboras (Obara Meji), de Ajakadi, o guerreiro invencível (Oshe Meji), das disputas pela primogenia (Ejiogbe, Oyekun, Iwori e Ofun Meji), entre tantas outras. Estes Odus são identificados como mostra a Figura 2.

A partir da combinação de cada um destes *Odu Meji* são formados os *Omo Odu*, ou *Apolá Ifá*. De tal maneira que, quando dispomos *Ejiogbe* ao lado de *Oyekun*, temos um outro Odu, de nome *Ogbe Oyekun*, ou *Ogbe Yeku*, e assim sucessivamente, até alcançarmos o número de 256. Sei que me repito, mas para que não haja dúvida a este respeito, digo novamente: tudo o que se admite conhecer a partir de Ifá, tudo o que pode ser considerado matéria para sua instrução, tudo o que se aceita enquanto responsabilidade intelectual e mística de Orunmilá, tudo isto está contido nas inumeráveis narrativas destes 256 Odu Ifá. É por este motivo que os Odus – enquanto **signos** de Ifá – podem ser considerados **livros**, ou **bibliotecas**, como se em toda lombada desses volumes pudéssemos encontrar o nome e a marca singular de cada um deles. Agora precisamos saber como chegamos a esses *desenhos* e a seus conteúdos.

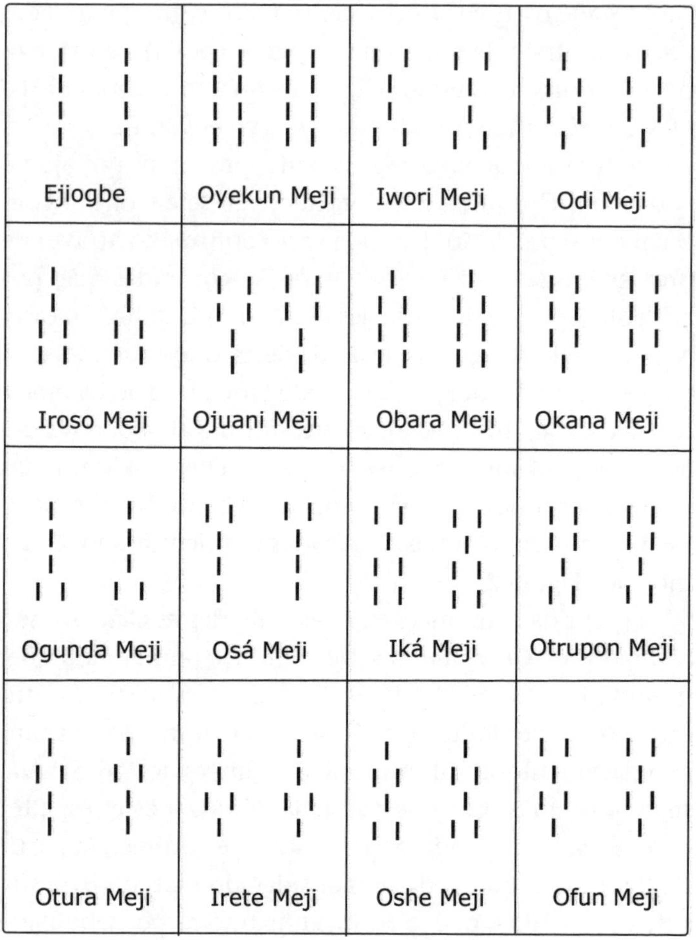

Ejiogbe	Oyekun Meji	Iwori Meji	Odi Meji
Iroso Meji	Ojuani Meji	Obara Meji	Okana Meji
Ogunda Meji	Osá Meji	Iká Meji	Otrupon Meji
Otura Meji	Irete Meji	Oshe Meji	Ofun Meji

Figura 2. Desenho ou grafia dos 16 *Odu Agbá* ou *Odu Meji*.

Os babalawos possuem algumas formas de consulta oracular a partir dos Odu Ifá. As duas mais utilizadas são as que se realizam através da manipulação dos *ikins* e do *opele Ifá*. Os *ikins* são sementes do dendezeiro, árvore com nome científico de *Elaeis guineensis*. A literatura sobre o tema, bem como os sacerdotes de Ifá com os quais tive contato ao longo das duas primeiras décadas do século XXI, referem-se a frutos, caroços, nozes, coquinhos ou castanhas, mesmo que reconheçamos haver óbvias diferenças estruturais entre estas nomeações. Indaguei ao babalawo Omoadeifá, que é biólogo de formação, qual seria a melhor maneira de identificar os *ikins*. A resposta que me deu foi simples e esclarecedora: esta imprecisão em torno de um nome correto se deve aos muitos usos populares que possui, como "diversas formas de se chamar uma mesma coisa". O fruto do dendê possui uma polpa carnuda – de onde, aliás, se extrai o óleo – e a casca da semente. Esta, por sua vez, é dura, formando o "coquinho", que é um "nome vulgar". Este revestimento vegetal é retirado, permitindo que encontremos o caroço, que seria então o termo tecnicamente mais correto para ser usado. Mas o que importa para melhor entendimento deste assunto é que muitos processos de sacralização são realizados, com banhos de ervas, orações e cantigas, até que possam ser finalmente chamados de *ikins*. Estamos, portanto, autorizados a usar semente ou caroço, fruto ou coquinho, noz ou castanha, mesmo sabendo de suas diferenças estruturais ou usos ordinários; porque o que é definidor para ser chamado *ikin* não é exatamente a nomenclatura biológica que possui, mas o processo ritual de sua preparação. Só assim poderá se transformar em um veículo de consulta oracular. E, para dizer a verdade, depois de consagrados, não são sequer chamados de *ikins*, mas de *adelè Ifá*.

A consulta oracular realizada com os *ikins* é considerada mais complexa e também mais precisa. Isto ocorre em razão de uma série de procedimentos cerimoniais e técnicos que precisam ser observados. No entanto, antes de qualquer coisa, é preciso descrever minimamente em que condições esta consulta ocorre e quais objetos o babalawo precisa ter disponíveis na ocasião.

O babalawo deverá estar sentado em uma esteira, invariavelmente no chão. Diante de si, entre suas pernas – abertas ou dobradas –, se encontrará uma espécie de tábua arredondada, na maioria das vezes com cerca de 30 centímetros de diâmetro, de nome *opon Ifá*. A tradição afro-cubana também a conhece como *tabuleiro de Ifá*. Este objeto sagrado pode trazer diversos tipos de ornamentos entalhados no seu contorno, como pontos cardeais, imagens do Sol e da Lua, serpentes, camaleões, estrelas e cruzes. Não raro é encontrado também um rosto, que dizem os babalawos ser a representação de Exu, considerado guardião da consulta oracular e melhor amigo de Orunmilá – como pode ser confirmado em muitas narrativas, em particular a do Odu Ifá Ogbe Irete.

Por sobre o *opon Ifá*, o sacerdote espalhará um pó muito fino e amarelo, chamado *iyerosun*, *Ìyere Òsùn*, ou, como ensina José Beniste (2014), *ìyè* (nome dado a um tipo de cupim) ou *ìyèrè* (nome do pó produzido pelo cupim) + *ìròsùn* (nome de uma árvore). Ayoh'Omidire (2005) descreve-o como sendo uma espécie de "farinha" obtida da árvore *igí ìrosùn*, graças à ação de insetos que fazem furos em seu tronco. Depois de uma extensa sequência de orações e condutas gestuais – descritas no Odu Ifá Ika Irete –, o babalawo deverá segurar certo número de *ikins* em uma de suas mãos, enquanto com a outra tenta pegá-los com destreza. O objetivo deste procedimento é deixar um ou dois caroços em sua palma e então marcar com o dedo médio traços sequenciais no *iyerosun*. Com a repetição desta atitude são formados os Odu Ifá, traço a traço.

Este processo é conhecido pelo nome *ètitè-alè* (ABIMBOLA, W., 2001), enquanto a tradição afro-cubana o nomeia *baixada* (*bajada*). De qualquer forma, é considerado por todos os sacerdotes de Ifá como o mais completo e complexo modo de acesso oracular, em razão de todos os muitos detalhes cerimoniais que são requeridos para sua execução. Mas não somente por isso. Perguntei a alguns babalawos em que situações esta modalidade da consulta oracular é preferencialmente utilizada. As respostas que obtive sempre me conduziram na direção de concluir em favor da maior relevância deste sistema, sendo empregado para resolver casos de herança ou sucessão religiosa, para definir iniciações, para ouvir a palavra dos mortos em solenidades fúnebres, para determinar o Odu Ifá pessoal nos rituais de *isefá*, ou *Awofakan*, entre outras circunstâncias de igual gravidade e importância. Ainda assim, essas explicações dão conta no máximo de aspectos litúrgicos. O fundamento mítico, porém, se encontra em uma história pertencente ao Odu Ifá Iwori Meji; e é mais ou menos assim:

No inicio dos tempos, Orunmilá vivia entre os humanos, ao lado de seus oito filhos: Aláré, Ajeró, Otanjí, Olóyé, Moyin, Elejélumopé, Alákegui, Olówo e Owárángun. Orunmilá empregava seu tempo e sabedoria para desenvolver as sociedades e ensinar o que conhecia sobre o mundo. Mas então Olodumare quis que Orunmilá voltasse ao Orun para ajudá-lo. Orunmilá desejou se despedir dos filhos, mas foi por um deles insultado. A tristeza que sentiu se mostrou grande demais. Ele foi embora dizendo: "Não voltarei." Depois disso, o mundo conheceu uma época de dificuldades: as mulheres não engravidavam, os homens não trabalhavam, os campos secavam, as chuvas deixavam de cair. Nada mais prosperava. Os oito filhos de Orunmilá foram visitá-lo no Orun. Queriam pedir ajuda. Queriam pedir para que voltasse. Encontraram seu pai sentado ao pé de uma enorme palmeira que abria seus ramos em 16 direções diferentes. Os filhos disseram: "Volta." Mas Orunmilá respondeu: "Não, não voltarei." Mesmo assim Orunmilá estendeu as mãos e deu, a cada um de seus oito filhos, 16 caroços do dendezeiro, dizendo:

> *B'é e bá f 'owo ó ni /En á é mais bi nu / B'e e bá délé/ B'e e bá f 'ayaá ní / Eni t 'éé máa bi n a / B'e e bá délé, / B'e e bá f 'ómo or bí / Eni t 'é má a bi nu um / Ilé l 'a bá féé kó Láýé / Eni t 'éé máa bi n a / Aso l'e bá féé ní láýé / Eni t'éé má a bi num / Ire gbogbo t'e e bá f e e ni láýé / Eni t'éé má a bi num.*

Que pode ser traduzido como:

Quando você está de volta em casa / Se você quer ter dinheiro / Esta é a pessoa que você deve consultar / Quando você está de volta em casa / Se você quer ter esposas / Esta é a pessoa que você deve consultar / Se você quer construir uma casa na terra / Esta é a pessoa que você deve consultar / Se você quer ter roupas na terra / Esta é a pessoa que você deve consultar / Todas as coisas boas que você quer ter na terra / Esta é a pessoa que você deve consultar.

Os filhos de Orunmilá retornaram ao mundo. As mulheres voltaram a ter filhos em seus ventres, os homens conseguiram trabalhar, a chuva molhou a terra e os campos se tornaram férteis novamente. Até hoje, sempre que precisam dos conselhos de seu pai, os filhos e herdeiros de Orunmilá, os babalawos, consultam o oráculo de Ifá através dos caroços de dendê.

Esta é uma história que possui algumas versões. Procurei reescrevê-la respeitando os aspectos mais destacáveis da narrativa a partir das variantes de que tenho notícia (ABIMBOLA, W., 1997; SALAMI, S., 1999; SINOTI, 2003). Outra versão, talvez menos conhecida desta história, encontra-se no Odu Ifá Otrupon Meji: "Como Orunmilá abandonou o mundo" (SINOTI, 2003). E ainda seria possível acrescentar mais alternativas míticas para o acesso a esta modalidade de consulta oracular efetuada por Orunmilá, como aquelas que se acham nos Odu Ifá Ejiogbe e Ika Okana. De qualquer maneira, quero deixar ressaltado um ou outro comentário a partir desta narrativa que apresentei aqui.

O primeiro deles é que, no tempo em que a criação do mundo ainda estava principiando, Orunmilá se encontrava entre os humanos, como deus presente e atuante. Já exercia seu papel de divindade associada à inteligência, ao conhecimento e à sabedoria. De tal forma que sua comunicação seria direta, sem intermediações. A razão de sua retirada do mundo foi um chamado de Olodumare; mas o que motivou sua recusa em retornar foi a decepção com um de seus filhos. Na versão apresentada pelo *Tratado disse Ifá* (SINOTI, 2003), foi a arrogância de *Ologo* em não admitir tocar sua cabeça no chão, argumentando que era coroado como seu pai, o que fez Orunmilá se recolher ao exílio. Wande Abimbola afirma ter sido *Olówo* – que pode ser traduzido por *homem rico e poderoso* (não confundir com Oluwó, que é como também são chamados os babalawos) –, o que implica alguma vantagem material, justificando ou agravando a prepotência que teve. A decepção e a tristeza de Orunmilá, então, podem ser interpretadas também como as de quem concluiu não ter conseguido ensinar o necessário sobre uma vida respeitosa e humilde ao próprio filho.

A ausência de Orunmilá provocou a crise. Ausência mágica e intelectual, preciso dizer, na medida em que sua presença não era meramente figurativa ou mística, mas instrutora de como o mundo poderia ser conduzido com maior inteligência e sabedoria. A ordem se restabeleceu quando Orunmilá entregou a seus filhos um recurso de consulta oracular, um meio que permitiu ser encontrado, acessado, para que com ele fosse possível manter diálogo. Se admitirmos que Orunmilá se exilou de fato, não é mais sua presença, digamos, *física* que conta; mas sua capacidade de se fazer representar. Então Orunmilá encontrou uma forma de comunicação, mediada pelos caroços do dendezeiro. Por esta razão, os versos que reproduzi repetem *"Esta é a pessoa que você deve consultar"*, referindo-se ao poder que têm os *ikins* para resolverem problemas e promoverem a felicidade dos humanos. E é desta maneira que podemos compreender os 16 *ikins*: eles **são a própria representação de Orunmilá no mundo**. Alguns autores lembram que é acima de tudo por este motivo que deve ser considerado o oráculo de Ifá de maior importância, o *Grande Jogo*, não devendo ser realizado em qualquer ocasião (MARTINS, 2012). Por esta razão, os babalawos acreditam que a consulta oracular através dos *ikins* franqueia um contato, digamos assim, "direto" com Orunmilá, justificando desta maneira a dimensão de sua magnitude. Os vários possíveis desdobramentos desta percepção já não cabem neste pequeno ensaio.

Outro recurso para a consulta oracular de Ifá é o *dida owo*, que se realiza através do *opele*, também chamado *cordão* ou *rosário de Ifá*. Ele pode ser descrito como um objeto do qual pendem oito peças, dispostas em quatro pares, presas por uma pequena corrente de metal ou por fios trançados com contas e miçangas, tendo entre 40 e 80 centímetros de comprimento. As peças podem ser feitas de vários materiais, como marfim, caroços de manga, lascas de ferro, cascas de coco, pedaços de cabaças, entre outros tantos. Esta variação pode ser determinada por indicações que um Odu Ifá apresente ou pelas necessidades de adaptação, como as que ocorreram no Brasil em fins do século XIX (RODRIGUES, 2010). A forma mais conhecida, utilizada e tradicional do *opele* é a que se produz com as favas de uma árvore chamada *igí opele*, ou *Schrebera arborea* (MARTINS, 2012), comum em toda a Costa da Guiné. Essas favas rompem em duas faces abertas cada, formando um par, de tal maneira que oito delas ficam dispostas em dois grupos simétricos de quatro. A corrente que as amarra permite que girem independentemente do movimento umas das outras, o que deixa suas faces voltadas para cima ou para baixo durante a consulta oracular.

O uso do *opele Ifá* pelos babalawos pode ser considerado mais corriqueiro. Isto se deve ao fato de possuir uma operação instrumental simplificada, se comparamos, claro, ao que é exigido na consulta através dos ikins. Veja, para que apenas um Odu Ifá seja conhecido através dos caroços do dendezeiro, o sacerdote deverá repetir a operação que descrevi algumas páginas atrás pelo menos oito vezes, riscando um a um os sinais que o formarão. Levando em conta que durante uma consulta oracular se apresentam dezenas de Odus, é fácil concluir que a dificuldade e a demora são exponencialmente maiores. Além disso, a utilização do opele como um instrumento oracular simplificado está descrito em uma das histórias do Odu Ifá Ogbe Otura, ou Ogbe Tua. Segundo esta narrativa, Erigba era um babalawo que não se conformava com a dificuldade das operações de consulta a Ifá. Vivia dizendo a seus pares que deveria haver uma opção mais fácil, mais rápida, que não envolvesse tanto esforço e tanta gente. Todos se incomodavam com Erigba. E foi por sua insistência que um dia foi expulso da cidade. Erigba saiu de casa levando consigo seus *ikins* e seu *opon*. Saudou Exu e seguiu caminho, disposto a encontrar uma solução para o dilema que havia se imposto. Ele andou muito tempo. Até que se aproximou de um povoado distante, em que os sacerdotes de Ifá usavam outra ferramenta para falar com os deuses. Chamava-se *opele*. Erigba ficou muito feliz. Aprendeu rapidamente como fazer as consultas e voltou para sua terra natal a fim de ensinar o sistema que havia encontrado. Por esse motivo, Erigba ganhou respeito de todos, inclusive daqueles que um dia duvidaram dele.

Devo dizer que recontei esta história aqui de maneira muito resumida. Foi proposital. Talvez o leitor que a conheça por inteiro tenha se aborrecido com isso. Desculpe, mas o que preciso retirar dela é somente a informação de haver dentro do corpo literário de Ifá a explicação e a justificativa para o uso do *opele* como forma simplificada de acesso oracular. Perceba que Erigba desejava encontrar uma alternativa que facilitasse a consulta, e que estava muito convencido da necessidade de fazê-lo. Apesar de nos ser apresentado como um personagem incômodo e de ter sido expulso da cidade por sua determinação, Erigba terminou a narrativa obtendo sucesso e respeito daqueles mesmos que o haviam hostilizado. O que parece indicar que talvez ele estivesse correto desde o princípio.

Ainda sobre essa questão, é preciso acrescentar que a origem mítica do *opele* como instrumento de divinação se encontra no Odu Ifá Ogunda Meji, onde ele é apresentado como *serviçal* ou *mensageiro* de Orunmilá. De uma forma ou de outra, o *opele* atende à divindade da consulta oracular auxiliando, intermediando, o acesso aos conhecimentos contidos nos Odu Ifá. Note que esta é uma relação significativamente diversa daquela estabelecida com os *ikins*, representantes, eles mesmos, de Orunmilá no mundo.

Então, a consulta do *opele* difere da realizada através dos *ikins* por ser mesmo "mais simples" e, igualmente, pela natureza dos papéis que exercem. O babalawo, sentado em sua esteira, deverá segurar a corrente pelo meio, ou seja, entre os dois grupos de quatro peças ou favas partidas, e arremessá-la diante de si. Esta operação poderá ser repetida sem muito esforço ou dificuldade inúmeras vezes, conforme as necessidades da consulta. As favas deverão cair com suas faces viradas para cima ou para baixo, de tal maneira que, em cada oportunidade que o *opele* for jogado, as 256 possíveis combinações dos Odu Ifá podem surgir desenhadas. Gosto de pensar que, quando o *opele* toca a esteira, o babalawo tem uma biblioteca à sua disposição. Simples; mas nem tanto.

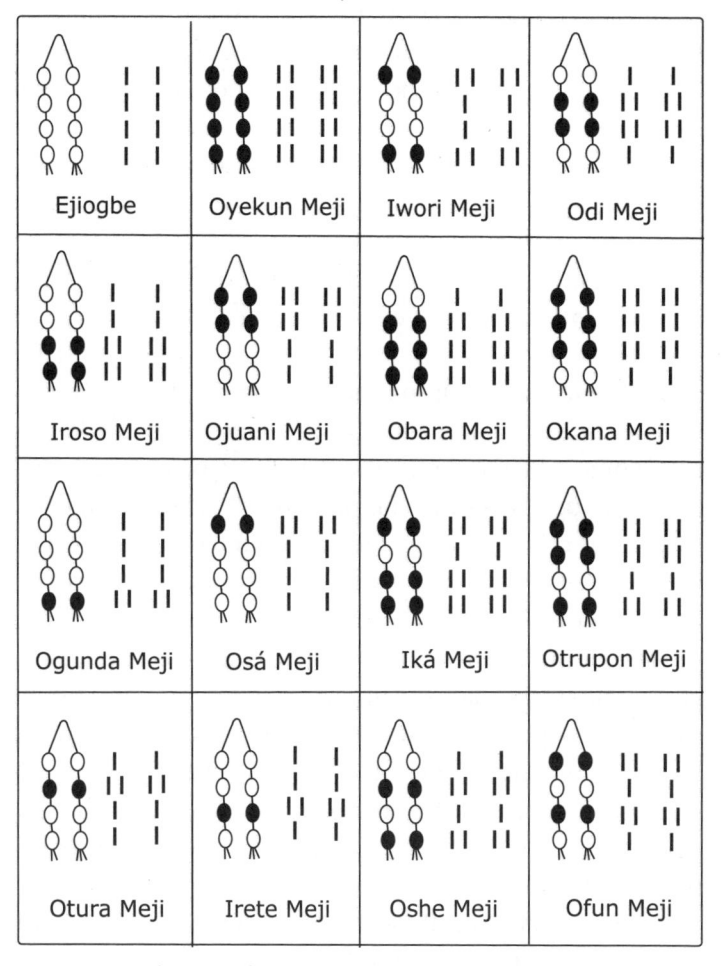

Ejiogbe	Oyekun Meji	Iwori Meji	Odi Meji
Iroso Meji	Ojuani Meji	Obara Meji	Okana Meji
Ogunda Meji	Osá Meji	Iká Meji	Otrupon Meji
Otura Meji	Irete Meji	Oshe Meji	Ofun Meji

Figura 3. Desenho ou grafia dos *Odu Agbá* ou *Odu Meji* a partir das quedas do *opele Ifá*.

Note a correspondência que possuem os desenhos dos Odu Ifá nas Figuras 2 e 3, riscados no *opon* e nas quedas do *opele*, respectivamente. Perceba que um traço é equivalente a uma "bolinha" em branco (que é a face "interna", mais ou menos côncava de cada peça do opele), e dois traços a uma "bolinha" preta (a face "externa", convexa das peças do opele). Os Odus são os mesmos. Suas histórias também. Variam, portanto, os métodos, as condutas litúrgicas e os objetivos da consulta, como creio ter ficado claro. Mas é muito provável que as informações que ofereci até agora sejam as de menor importância. Quem sabe isso ocorra porque o que se mostra indispensável não é conhecer *como* as coisas são feitas; mas *o que* são essas coisas. De outra maneira, posso presumir sobre o oráculo de Ifá que talvez devamos nos perguntar: *o que está em jogo no jogo?*

O leitor já terá observado a essa altura que o oráculo de Ifá, o oráculo de Orunmilá, é composto de incontáveis narrativas, distribuídas entre os 256 Odus. Ao que parece, esta é uma singularidade. Não conheço outro gênero oracular em que as histórias cumpram papel tão determinante. O que nos obriga a pensar que seria um constrangimento entender cada Odu Ifá a partir de um único conjunto de traços identitários, como um arquétipo, um padrão, um modelo canônico. As modulações dos mitos permitem imaginar uma diversidade tão grande, que muitas vezes fazem supor que seriam infinitas. Mas não são: diferente disso, lembram as areias do deserto, de que falava Ivan Candido Martinez Quintana, Oshunlaibo. Então, que histórias são essas e que papel cumprem na consulta oracular presidida por Orunmilá?

A coleção das narrativas de Ifá poderia muito bem ser arranjada em uma tipologia. Não quero que esta proposta seja interpretada como reducionismo. É, antes de qualquer coisa, a tentativa de sugerir um ordenamento. Bem, como em diversas outras tradições religiosas, as histórias de Ifá tratam de **deuses**, **semideuses** e **heróis**. Em todos os casos, estes personagens passam por um processo de antropomorfização, ou seja, ganham expressão humana, corpo humano, emoções humanas. As entidades mais poderosas da criação se transformam em criaturas viventes, cometendo erros e acertos, amando e odiando, tendo fome, sede e vontade, como qualquer um de nós. É correto presumir que mantêm suas excepcionalidades divinas; mesmo assim, deixam de ser "somente" uma potência da natureza e se humanizam.

O fascinante é que não apenas deuses, semideuses e heróis passam por este processo de adequação. Outros personagens antropomorfizados que frequentemente aparecem nas histórias de Ifá são os **animais**. Ou seja, as *fábulas* – tantas vezes deixadas de lado nas tradições religiosas como meros contos infantis – ganham importância no âmbito da consulta oracular (como o coelho em Odi Ogbe, o chacal em Odi Oyeku, o macaco e o leopardo em Obara Ogbe, as moscas e as aranhas em Otrupon Ogbe, entre centenas de outras histórias). Da mesma maneira, **plantas** (como a palmeira em Ogbe Oshe e Iroso Otura), **coisas** ou **objetos** (como o fole em Odi Osa e também em Osa Odi, as panelas de ferro e de barro em Oshe Ika), **partes do corpo** (como o pelo e a pele em Iroso Irete, a cabeça em Ejiogbe), **conceitos** (como hoje e amanhã em Ogbe Iwori, a verdade e a mentira em Otura Meji, o dinheiro e a amizade em Ogbe Ofun) e até **provérbios** (neste caso, em todos os Odu Ifá).

É claro que as histórias dos deuses – os orixás – são mais conhecidas e possuem muitas vezes importância litúrgica destacada. Refiro-me às narrativas que fazem menção a algum aspecto particular das cerimônias de iniciação ou a saudações, cantigas, oferendas, entre outras particularidades.

Além disso, as histórias dos deuses são mais que lendas; são *mitos*, que estruturam suas personalidades, que permitem conhecer quem são, constituindo assim a base fundamental de suas crenças (ELIADE, 2008). Mas a fábula da amizade entre o boi e o cachorro (Odu Ifá Odi Irete), o caso do macaco de nove caudas (Odu Ifá Ojuani Odi) ou o conto da Sensatez e dos loucos (Odu Ifá Iká Oshe) têm tanta expressão e importância em uma consulta oracular quanto qualquer outra narrativa em que os deuses se apresentem como personagens principais. Isto porque, em cada um desses casos, a história é tomada como uma **parábola**, uma alegoria moral, uma expressão de comportamento. A partir dessas **narrativas exemplares**, o babalawo poderá indicar condutas e instruir o consulente naquilo que se mostrar necessário para sua felicidade. O que nos leva a outros temas: qual a natureza de uma consulta oracular a Ifá? O que pretende saber aquele que procura ouvir as histórias de Orunmilá?

Em se tratando de oráculos, é muito comum ouvir falar de previsão, ou adivinhação do futuro. Que me perdoe o leitor se desejava conhecer aqui um mecanismo para a antecipação do porvir: Ifá não faz exatamente isso. Mas vamos por partes.

Um primeiro ponto que parece ser necessário esclarecer é a diferença entre **adivinhação** e **divinação**. Por favor, não entenda isso como um jogo de palavras desimportante. Na verdade, essa é uma das questões centrais para compreender o oráculo de Ifá. Muito embora estas sejam perspectivas muitas vezes admitidas como idênticas, por supostamente tratarem da mesma coisa, ou, não menos pior, que podem ser confundidas (BRAGA, 1980; PRANDI, 2003). Veja, a adivinhação deposita no adivinho a capacidade de adivinhar. Com isso, pode-se presumir o poder que adquire o adivinho quando adivinha. É bem verdade que o babalawo poderá adivinhar sim. Mas sua fala é toda organizada a partir da interpretação das narrativas, os mitos e as fábulas, suas modulações, combinações e desdobramentos, não propriamente do desejo de fazer uma profecia. Dizendo de outra maneira, a adivinhação pode ser um meio, mas não é um fim. Não se basta como maior interesse da consulta oracular. Se fosse assim, a adivinhação poderia ser muito bem confundida com um truque de mágica, uma brincadeira de salão; e os babalawos estariam habilitados a se apresentarem em casas de espetáculo ou em festas de aniversário. E, por favor, entenda: não se trata disso.

A prática oracular de Ifá é melhor definida como **divinação**. E com isso concordam todos os grandes autores que já estudaram o assunto (ABIMBOLA, W., 1997; BASCOM, 1969; BOLÍVAR ARÓSTEGUI, 1995; IDOWU, 1996; LUCAS, 2001; MAUPOIL, 2017). Divinação porque é a fala ou diálogo com os deuses. Ou seja, o atrevimento do babalawo não é adivinhar; o atrevimento do babalawo é acreditar que os deuses falam com ele e que ele fala com os deuses. Maupoil (2017) mencionava que o *divinador* seria "um pouco 'como um dicionário', ele informa, explica". A propósito, a edição brasileira do clássico de Maupoil usa adivinhação e adivinhador, quando na verdade o autor empregava *divination* e *devin*, que deveriam ter sido corretamente traduzidos como divinação e divinador. Mas esta é uma particularidade de nosso idioma, não do francês ou do inglês. Enfim, o babalawo é um **divinador**, porque crê que as histórias que ele deve conhecer dos Odu Ifá são enigmas dos deuses que precisam ser por ele decifrados. O babalawo, como ensina Orunmilá com seu exemplo e com seus títulos, deve procurar ser um intérprete, um contador de histórias e um professor. E então, o que se pode esperar da divinação de Ifá?

É relativamente comum desejar que os oráculos não só adivinhem, no sentido que mencionei, mas que prevejam o futuro. Porque a adivinhação pode revelar algo escondido no passado ou um segredo infame do presente. Não resta dúvida. E o oráculo de Orunmilá é capacitado a fazê-lo também, mesmo que esta não devesse ser sua principal motivação. De maneira análoga, antecipar os tempos vindouros parece estar entre os principais anseios de quem se senta diante de um adivinho ou de um babalawo. Mas, então, talvez tenhamos encontrado um problema aqui. Porque, se acreditamos que é possível adivinhar o futuro, admitimos também que ele existe agora, inteiro, pronto, acabado, definido, imutável. E definitivamente não é assim que Orunmilá e seu oráculo nos ensinam a pensar. É preciso, então, reconhecer que o futuro só existe enquanto fantasia, desejo, esperança ou promessa. Ele não está *lá*, em um lugar no tempo a que deveremos chegar inevitavelmente, como uma estrada ou curso de rio. E dessa maneira, se os oráculos, todos eles, fossem totalmente confiáveis, o futuro seria redundante. O que a consulta oracular de Ifá permite concluir é outra coisa: o futuro está em constante movimento. E seu trajeto é múltiplo, não uma exclusiva linha reta.

O futuro é possibilidades. Assim mesmo, arriscando o erro de concordância: o futuro *é* possibilidades, ou condição de possibilidades. As histórias de Orunmilá nos ensinam isso. Durante a consulta oracular, portanto, o que se pretende não é a previsão de futuro, mas a apresentação de futuros possíveis. Ifá nos revelará narrativas que apontam tendências e conjunturas muito específicas, de maneira a orientar nossas decisões e nossos comportamentos, diante de situações que já se cumpriram, que estão ocorrendo ou que ainda se darão. Entenda, se o futuro não existe como instância de tempo absoluta, se a divinação aponta tendências e conjunturas possíveis, então o oráculo de Ifá se mostra como uma poderosa ferramenta de orientação, um instrumento de autocuidado e também um mecanismo para solução de problemas. Como antecipei no início deste capítulo, os sistemas oraculares são **formas de conhecimento** e também **meios para obtenção de conhecimento**. Então, o oráculo de Orunmilá é igualmente um aparelho para fazer pensar.

Dizendo dessa forma, o futuro parece só ganhar importância na medida em que podemos agir positivamente para sua realização. Como o babalawo Ifayode sempre repete, "os deuses confiam em nós"; e Orunmilá nos faz lembrar constantemente que também devemos fazer o mesmo. Então, de que maneira as histórias de Ifá podem atuar como dispositivo efetivo de aprimoramento ético? Quais são os mitos de Orunmilá que precisamos conhecer? Ou ainda, como devemos nos dispor diante desses mitos para aprender com eles e viver melhor?

MITOS DE ORUNMILÁ

Para começar este assunto, uma primeira questão deve ser posta em evidência: mito advém do uso grego *mythos*, que quer dizer *palavra* (OTTO, 2006). Mas palavra aqui deve ser capturada em sua forma mais original – se assim ainda for permitido pensar –, anterior ao exercício da escrita, ou seja, como expressão oral de objetos, sentimentos, conceitos e histórias narradas através do concurso exclusivo da fala. Portanto, mito é a palavra que designa algo que obtém estatuto de realidade, ou coisa tornada real, através de seu pronunciamento. Podemos inferir a partir daí que, quando os gregos lembravam as histórias de seus deuses, o faziam com os meios franqueados pela oralidade, do reconto de narrativas ouvidas através da palavra – *mythos* – expressa com o som da fala. Então, o poder geracional da palavra que designava as coisas do mundo concreto era exatamente o mesmo que anunciava a existência dos deuses.

No entanto, os mitos são relatos que não podem ser tomados a sério como fatos reais (ELIADE, 2002). Veja leitor: *como fatos reais*. Para fazer uso de exemplos bem conhecidos, ninguém poderia acreditar ter havido um jardim, especialmente criado por um deus de poder absoluto, onde toda a possível realidade estaria ali em estado de perfeição, inclusive com o espécime de privilegiada sorte, criado à sua imagem e semelhança. Também não seria possível acreditar em dilúvios apocalípticos, separação de mares e oceanos com cajados de madeira ou selos e trombetas que poriam fim definitivo a tudo o que nos é dado saber que existe. Deuses azuis e vermelhos, deuses com quatro braços e inúmeros rostos, deuses com cabeça de águia e crocodilo, deuses com poderes espetaculares sobre os elementos, deuses de juventude eterna, de soberba beleza, deuses de impossível inteligência e sabedoria, deuses que ressuscitaram no terceiro dia, enfim, sabemos todos que coisas e seres como esses não existem. Ou pelo menos não como existem os entes do mundo material. Afinal, eles contrariam o que nós entendemos ser a mais elementar das realidades.

Assim fizeram os gregos – a partir de Homero e mais tarde com Sócrates, Platão e Aristóteles – quando expulsaram o mito para o ambiente da fábula moral ou do adereço literário. A adoção da palavra escrita gerou outra forma de relacionamento com os relatos fantásticos dos deuses e das criaturas heroicas que os acompanhavam. Acrescentaram-se àquelas narrativas o *logos* necessário para que se tornassem histórias não reais. Entenda, a palavra *logos* é vulgarmente traduzida por *ciência* ou *estudo*. Daí biologia, ciência ou estudo dos seres vivos; antropologia, ciência ou estudo do homem; semiologia, ciência ou estudo dos símbolos, entre tantos outros nomes que fazem extensa a lista. Mas talvez *logos* seja melhor traduzido por *discurso acerca de*, ou ainda mais especificamente, *discurso racional acerca de*. Dessa forma podemos dar maior amplitude ao uso da palavra e facilitar a compreensão do conceito.

Se aceitarmos esta proposta de entendimento para a palavra *logos*, o que poderíamos alcançar saber sobre *mitologia*? Talvez algo como *discurso racional acerca de relatos não reais*, ou *não correspondentes à realidade*. Sem desejar parecer que tenha ocorrido aqui uma contradição que inviabilizasse o argumento, a mitologia é instaurada como conquista racional da palavra escrita que, não podendo se fiar nos relatos fabulosos de deuses, heróis e criaturas excepcionais, passou a constituir uma forma especializada de conhecimento a partir de existências imateriais, improváveis, impossíveis, irreais, e, ainda mais gravemente, irracionais. Sendo assim, mitologia seria um tipo de conhecimento dedicado às fantasias humanas em torno dos temas da religião e da imanência, que só se expressariam ainda a sério nos campos da fantasia literária e da filosofia moral.

Então, curiosamente, a palavra mitologia não poderia servir àqueles que creem no mito como um relato real, ou que possua algum aspecto de realidade. E perceba que não estou agora me referindo a mito, mas a mitologia. O *mytho-logos* se apresentaria incapaz de expressar a crença como uma forma especial de perceber a realidade. Dizendo de outra forma, se decidíssemos abandonar a razão e a ciência como instrumentos de acesso ao mundo, ainda nos restaria pelo menos uma maneira de contato com a realidade através da crença. E essa maneira talvez não pudesse ser chamada mitologia; mas, com melhor uso do argumento, *mitognose*. Eu me explico.

A palavra *gnose* é entendida como conhecimento, não exata ou exclusivamente aquele que se adquire através da razão, mas de uma sabedoria conquistada por meio de outros recursos, tributários em grande maioria de tradições orais, como por exemplo, o místico, o mágico ou o religioso. Assim *mitognose*, como proponho, daria conta do conhecimento e percepção do mundo a partir do relato mítico, dando a ele o poder de falar de uma instância qualquer da realidade. Mas isso, é claro, seria reduzir o problema a um casuísmo etimológico.

Não é o caso aqui de se fazer campo para uma batalha conceitual dessa magnitude. Nem haveria qualquer pretensão para substituir o consagrado termo *mitologia* por um outro, estranho e inédito, *mitognose*. Mas, verdade seja dita, se valesse o teorema, ocorreria aqui uma importante distinção a ser ressaltada: por maior que tenha se tornado em importância, ou mesmo como obviedade autorreferente, *mitologia*, ao pé da letra, daria conta do conhecimento racional desenvolvido em torno do mito. Conhecimento datado a partir de Homero, há cerca de três mil anos atrás, e estendido até nossos dias. O percurso do conhecimento racional do mito sempre o afastou da crença verdadeira nos deuses e heróis retratados em suas narrativas fantásticas (KERENYI, 2011; OTTO, 2005, 2006). Crença legitimamente religiosa, expressa através de ritos, da relação animista e antropomórfica dos panteões politeístas, e experimentada como um modo de compreender a própria realidade. Em outros termos, ninguém crê em qualquer *mitologia* porque a trajetória de seu uso seguiu pelo caminho retilíneo da razão. Talvez advenha daí o descrédito bem orquestrado contra os deuses do fogo, da terra e do mar, deuses da casa, da maternidade e do solo fértil, deuses da justiça, da sabedoria e da comunicação. Sua potência como entidades soberbas deu lugar frequentemente à alegoria das artes e, no máximo, ao juízo da filosofia. *Mitologia*, dessa forma, traduz o conhecimento que se constitui racionalmente a partir de histórias fantásticas, portanto, não verdadeiras, não reais, não havidas. Mas então, que fazer com os homens – infelizes! – que creem nos mitos e em seus deuses?

Poderia argumentar que o primeiro movimento de solução para o problema é muito simples: ora, os que creem são tolos, suas crenças infantis, sua cultura certamente primária, seu desenvolvimento civilizacional elementar. É o que se poderia dizer de índios norte-americanos e amazônidas, dos povos da variada terra africana, dos ilhéus do Japão e da Polinésia, dos hindus, dos chineses e dos assírios; e igualmente dos celtas, dos francos, dos vikings e – porque não? – dos gregos. Estamos geralmente prontos para admitir a importância decorativa de tantas tradições religiosas; mas faríamos o mesmo com a civilização helênica? (OTTO, 2006). Certamente os gregos acreditavam em seus deuses, assim como qualquer outra tradição politeísta que se arriscasse a nomear com exaustão erudita (VERNANT, 1989; VEYNE, 1984; VIDAL-NAQUET, 1988). E não só nos deuses, mas igualmente nos mitos que contam suas histórias. Por isso seria estratégico recolocar a questão a partir do que sugiro compreender com o termo *mitognose*. Sua vantagem operacional é esta: trata-se de um conhecimento não racional, alcançado através das experiências pouco afetadas pelo cientificismo europeu; trata-se do conhecimento místico, referido nos mitos, expresso em ritos e até, em última instância, com eficácia mágica comprovada em cerimônias sacrificiais realizadas em favor dos deuses. *Mitognose* afirma a potência criadora, reguladora e gestora dos deuses anímicos das religiões politeístas, sem lhes roubar a seriedade cultural, nem muito menos assaltar sua verdadeira presença entre os homens que lhes devotam a crença.

Se puder admitir os argumentos que apresentei para justificar o uso do termo *mitognose*, mesmo que brevemente, então digo de forma imodesta que a percepção da importância e do significado de mitologia pode muito bem ser alterada. E isto será ainda mais evidente quando se tratar do papel que têm estas narrativas do corpo literário de Ifá. Então, vejamos.

Tomando por princípio que é possível acreditar nas histórias fantásticas dos mitos – em particular dos mitos de Ifá –, qual seria a natureza dessa crença? Porque, como disse mais de uma vez, trata-se de confiar que são verdadeiros os mais sinceros e desabridos absurdos, em que animais falam como nas fábulas infantis, objetos ganham vida e personalidade, conceitos e provérbios são antropomorfizados, e os deuses – sempre eles – assumem forma aparentemente humana, sem perderem os atributos excepcionais que possuem. E, no entanto, seguimos acreditando, como a própria realidade constituída (ORTEGA Y GASSET, 1983). Então, repito: qual a natureza dessa crença? Ocorre-me uma boa resposta a esta indagação. Assim quero crer.

Contamos histórias por muitas razões. Todo tipo de histórias. Contamos porque é delicioso lembrar o passamento dos dias, o futuro desejado com paixão, o tempo que foi deixado para trás com a marca de seus dedos. Contamos histórias porque não há alternativa senão contar. Porque de certa forma é permitido presumir que *nós somos histórias*. Ou, dizendo de outra maneira, *nós somos as histórias que contamos*. Somos as histórias que escolhemos contar por gosto ou necessidade; somos as histórias que contamos de nosso jeito, mudando aqui, consertando ali, calando mais adiante. Somos as histórias que contamos de nós mesmos e dos outros; e também aquelas que os outros contam de nós, as boas e as más. Somos as histórias que inventamos por prazer, por tolice ou artifício, e que então nos obrigam a contar mais outras histórias para com elas fazer arranjo. Somos também aquelas histórias que contamos quando não queremos contar, ou que sequer sabemos que contamos quando acreditamos que o silêncio nos protege – e, na maior parte das vezes, essas são as histórias que mais contam sobre nós. Somos, enfim, as histórias que já foram contadas antes de nós, as histórias grandes, das quais fazemos parte sem saber; somos as histórias de nossos mortos, dos que já estiveram nesse mundo em que estamos agora, mas em um recuado de tempo que não se mede, que não cabe nos anos, nos séculos ou nas eras do passado sem fim. Somos todas essas e ainda outras histórias. Então, contamos histórias porque precisamos contar.

Orunmilá conta histórias. E é desejável para este argumento concordar com a proposta de que estas histórias são nossas histórias. Não se trata de um pedido ou de uma concessão. É parte constitutiva do raciocínio, já que a própria natureza da consulta oracular presidida por Orunmilá supõe a revelação dos signos de Ifá, que chamamos de Odus, e a inscrição dessas histórias em seu extenso repertório. Portanto, quando na consulta oracular um Odu é revelado, chegam com ele, inseridas nele, indexadas nele, listadas nele, as inúmeras histórias de que falamos. É uma presunção constitutiva do processo de divinação a que venho me referindo. Logo, o consulente espera a revelação de um Odu que venha a esclarecer algo de sua própria vida através das histórias que Orunmilá conta.

Curioso, porém, é imaginar que aquelas histórias fantásticas, aquelas de que falava há pouco, em tudo inaceitáveis como narrativas verdadeiras, sejam nossas histórias; e ainda assim seguir acreditando nos mitos, na consulta oracular e na eficácia da intervenção de Orunmilá para a solução de problemas. Como? Que mentalidade infantil seria capaz de supor cabimento em uma conduta desse tipo? Porque deveria mesmo ser improcedente, irrazoável, ilógico, desajuizado acreditar que o Dinheiro e a Amizade eram amigos, mas se desentenderam em uma briga terminal e sem volta (Odu Ifá Ogbe Ofun); que a Verdade e a Mentira nunca pararam de disputar forças (Odu Ifá Otura Meji); que o Pelo e a Pele eram casados, viviam bem, até que se indispuseram, separaram-se e, depois de algum tempo, voltaram a viver juntos (Odu Ifá Iwori Irete); que a Palmeira se tornou orgulhosa demais por ser tão bonita, tão esbelta e tão útil ao mundo (Odu Ifá Iroso Otura); que o cachorro perdeu a coroa de rei para a galinha-d'angola por ter se distraído com um osso na estrada (Odu Ifá Iroso Ogbe); que Xangô venceu o cerco a uma cidade cuspindo fogo e carregando uma cesta de palha cheia de água sem que uma só gota caísse no chão (Odu Ifá Oshe Otrupon); que Exu comeu tanto, bebeu tanto, fumou tanto que acabou vomitando riquezas sem fim para o rei que fez as oferendas certas (Odu Ifá Ogbe Irete); que Olokun trouxe terríveis feras do fundo dos oceanos para destruir Oxalá e seus exércitos, quando tiveram guerra por motivos fúteis (Odu Ifá Otura Irete). E assim parece ser a maioria das histórias que Orunmilá conta. Como podem estas histórias ser nossas histórias? Como elas podem contar algo de nós?

Se o mito for compreendido como *narrativa literal* não haverá alternativa senão desconfiar da sanidade de quem nisso crê. Ou concordar que se trata de uma mentalidade talvez infantil, tola, ingênua. O mito tomado em sua forma literal pode ser conduzido a uma leitura de fábula, portanto, assumidamente ficcional. Mas se o mito for interpretado como uma *narrativa simbólica*, bem, assim ele poderá ter muitos outros usos. Posso lembrar a palavra *mitologia* para referir o conhecimento que se desenvolve a partir da coleta interessada em suas narrativas, como coisa curiosa, com gosto pela erudição exótica, que levará aos estudos da literatura, da filosofia ou da antropologia. Ou posso reivindicar o uso desse neologismo que propus, a *mitognose*, para dar conta do conhecimento e da crença nos mitos, como narrativas verdadeiras a seu modo, que contam nossas histórias não como alegorias estéticas, mas como *alegorias existenciais*.

Essa é a importância das histórias que Orunmilá conta do corpo literário de Ifá: essas histórias contam nossas histórias nas consultas oraculares e se revelam como artifícios simbólicos para o aconselhamento e o ajuste de condutas. O que estou dizendo é que não quero contar histórias pelo gosto de sua contação. Elas servem a um propósito. Elas cumprem com um projeto de educação e de disciplina ética. Digo novamente: não são alegorias estéticas, apesar de geralmente encantarem a todos que as ouvem. Essas histórias devem ser levadas muito a sério como *histórias que curam* (FORD, 1999).

Tendo isso em mente, preciso seguir adiante com um ou outro aviso.

As poucas narrativas que reproduzo em seguida são recontadas por mim tentando reproduzir o sentimento poético que elas possuem. Não sei se obtive sucesso. Mas valeu-me o esforço. Tentei oferecer o trato gentil que as histórias evocam e que a literatura pode franquear.

Estes relatos míticos não podem ser colocados em um arranjo cronológico; eles são descontínuos, não lineares, ou seja, não são episódios de uma grande saga cosmogônica. Cada um deles tem começo, fim e meio, esgotados, enquanto narrativas, em si mesmos. O que ajuda a entender o que muitas vezes pode ser interpretado como incongruências dos personagens. E isso não é verdadeiro. Refiro-me aos casos em que um orixá é ora apresentado como filho ou marido, velho ou novo, rico ou pobre, doente ou saudável. Estas condições só fazem sentido no contexto muito específico da história que é contada e dos Odu Ifá que habitam. Desta maneira, outra história, com o mesmo personagem, poderá encontrar modulações perfeitamente aceitáveis. Já havia dito isso; mas não custa recordar.

Escolhi estas, e não outras, que podem ser ajuntadas aos milhares. E as escolhas são sempre difíceis, verdade, por sempre supor as renúncias. Mas fui ajudado pela sugestão de muitos babalawos – com os quais terei dívidas de eterna gratidão – e também pelo bom senso, que me fez entender a importância daquelas que selecionei para compor este ensaio.

Estas histórias podem ser encontradas em diversos tratados de Ifá, muitos deles apontados por mim na bibliografia que deixei indicada no final deste volume (CASTRO, 2018; ESTEVES, 2019; NELSON, 2002; SINOTI, 2003; TRATADO, 2002). São fruto da leitura de autores como Pópóolá, Osamaro, Guilhermo Castro, Wande Abimbola, ou dos tratados de Ifá que circulam na América Latina – em particular os de Cuba e Venezuela. Outras histórias, porém, fui recolhendo com o tempo, ouvindo dos mais velhos os ensinamentos.

E para complemento destes avisos ligeiros, preciso lembrar que a tradição oral, mesmo quando encontra a materialidade do papel em que se fixa, permite contar a mesma história de formas diferentes. De tal maneira que não duvido encontrar muitas versões das narrativas que me atrevi a recontar aqui. Se o leitor perceber estas diferenças, entenda, por favor, são modos diferentes de uma mesma substância.

Por fim, devo acrescentar uma última advertência. De tudo o que escrevi até agora, esta é a parte deste pequeno livro que deveria causar maior interesse. São as histórias o material que oferece o conhecimento que procuramos em Orunmilá. Então, é aqui que se poderá saber dele, mais que em explicações com pretensão erudita: em suas histórias. É aqui que encontramos os ensinamentos que devemos recolher e os efeitos que logram. Todos nós, reis, príncipes e princesas, sacerdotes, artistas ou comerciantes; os trabalhadores e os desocupados, os sãos e os débeis, os velhos e os moços, as mulheres e os homens, os felizes e os desatinados. Não importa quem sejamos, ou quais problemas tenhamos.

Porque, em última instância, mesmo estas histórias, ou quaisquer outras que pudessem ser contadas a partir do extenso repertório do corpo literário de Ifá, só encontrarão seu verdadeiro abrigo e significado durante a consulta oracular. Quando puderem fazer o que sempre fazem: atender a quem busca por ajuda, servindo como *ferramenta* de pensamento e *apetrecho* de instrução, como *mecanismo* de ajuste ético e *instrumento* de cura.

1 (Odu Ifá Ogbe Ogunda)

Olodumare tem muitos filhos. Um deles estava doente. Era Igún, o Abutre. Suas pernas estavam trêmulas, suas asas estavam fracas, seu estômago estava dolorido. Ele mal conseguia se pôr em pé. Igún, o Abutre, foi então à presença de Olodumare pedir ajuda. Olodumare, vendo seu filho com tão pouca saúde, recomendou que ele procurasse por remédio no mundo dos homens, o Ayè. Igún agradeceu o conselho, reuniu as últimas forças que tinha e partiu.

Nessa mesma época, Orunmilá passava por muitas dificuldades no mundo dos homens. Sua casa não tinha comida. Sua casa não tinha filhos. Sua casa não tinha móveis. Orunmilá vivia com suas duas esposas, uma mais velha, outra mais nova, e nada do que faziam conseguia criar uma solução. Orunmilá resolveu chamar seus discípulos, os babalawos, para uma consulta a Ifá. Orunmilá precisava resolver seus problemas.

Orunmilá e seus discípulos consultaram Ifá. E o oráculo de Ifá falou, como sempre faz, com seu jeito encantado de dizer as coisas. Orunmilá deveria fazer uma oferenda com cinco galinhas a Ifá, uma para cada diferente dia, aos pés da mesma árvore. Deveria prepará-las com azeite de dendê, sal e ervas de cheiro. Coração, fígado, intestinos, todos os órgãos internos das galinhas, deveriam ser colocados em vasilhames com azeite de palma e oferecidos a Exu. Orunmilá, mesmo sem recursos para levar comida para casa, apressou-se e fez a oferenda.

Enquanto isso, Igún, o Abutre, chegava de sua viagem, cansado, fraco, doente. Pousou sem forças no galho de uma árvore, respirou fundo e olhou para a terra onde vivem os homens. E lá do alto viu Exu, sentado bem embaixo de onde estava, fartando-se com a tigelinha de comida feita com as entranhas da primeira galinha oferecida por Orunmilá. Olá! disse Igún. Olá! respondeu Exu. Cheguei de longa viagem. Me sinto doente e sem forças. Venha comer comigo! convidou Exu.

Igún, o Abutre, abriu suas asas e se deixou planar suave até o chão. Exu ofereceu o prato com a primeira galinha de Orunmilá. Igún se fartou. Comeu, comeu, comeu, comeu até que não sobrasse carne, osso ou cartilagem. Ah! Como essa comida me fez bem! Já me sinto melhor! Veja: minha perna esquerda já está mais forte! Que bom! Que bom! falou Exu. Volte amanhã e você vai poder comer mais. E assim se fez a combinação.

No segundo dia, Igún, o Abutre, tornou a comer ao lado de Exu. E da mesma maneira que antes, comeu, comeu, comeu, comeu até que não sobrasse carne, osso ou cartilagem. Ah! Essa comida é deliciosa! Já me sinto bem melhor! Veja: minha perna direita já está mais forte! Que bom! Que bom! disse Exu. Volte amanhã e você vai poder comer mais.

No terceiro dia, Igún, o Abutre, voltou a se banquetear ao lado de Exu. E como das outras vezes, comeu, comeu, comeu, comeu até que não sobrasse carne, osso ou cartilagem. Ah! Que coisa saborosa! Já me sinto bem melhor! Veja: minha asa esquerda já está mais forte! Que bom! Que bom! disse Exu. Volte amanhã e você vai poder comer mais.

No quarto dia, Igún, o Abutre, esteve novamente comendo ao lado de Exu. E repetindo o que havia feito nos dias anteriores, comeu, comeu, comeu, comeu até que não sobrasse carne, osso ou cartilagem. Ah! Mas que comida apetitosa! Já me sinto bem melhor! Veja: minha asa direita já está mais forte! Que bom! Que bom! disse Exu. Volte amanhã e você vai poder comer mais.

No quinto dia, Igún, o Abutre, fez mais uma refeição ao lado de Exu. E ainda dessa vez, comeu, comeu, comeu,

comeu até que não sobrasse carne, osso ou cartilagem. Ah! Que comida maravilhosa! Já me sinto bem melhor! Veja: minha barriga já está curada! Que bom! Que bom! disse Exu.

Igún, o Abutre, sentia-se saudável, como nunca antes havia se sentido. Ele estava feliz e queria agradecer. Exu! Quero te dar um presente! Você me ajudou! Agora estou saudável e forte, graças a você! E Exu respondeu: A mim não! Você deve agradecer a Orunmilá, que preparou suas galinhas todos esses dias. Mas e você? Foi você quem me ofereceu as galinhas. Eu já tive meu pagamento. E Exu sorriu com a tigelinha na mão e um fio de azeite de dendê escorrendo no canto da boca. Igún, o Abutre, resolveu então dar um grande presente a Orunmilá para retribuir o bem que havia conquistado.

Olodumare estava em sua casa quando Igún, o Abutre, retornou voando. Ele parecia mais novo, mais forte e até mais bonito. Meu filho! Que bom te ver assim! Você conseguiu remédio no mundo dos homens! Sim, meu pai! E quem me curou foi Orunmilá. Quero dar a ele o melhor presente que puder. Olodumare então disse com a voz que copia o som dos espaços infinitos: Igún, meu filho amado! Leve a Orunmilá Dinheiro, Filhos, Longevidade e Paciência. Diga a ele que deve escolher um entre esses presentes para viver com ele em sua casa. Tenho certeza de que ele ficará feliz.

Igún, o Abutre, voltou ao mundo dos homens com os presentes que Olodumare havia concedido. Chegou à casa de Orunmilá e bateu na porta. Orunmilá ouviu surpreso a história de Igún, o Abutre. Agora deveria escolher entre os generosos presentes de Olodumare. Orunmilá agradeceu a gentileza e pediu para pensar. Quem escolherei para viver em minha casa? Qual será minha preferência? Igún, o Abutre concordou. Orunmilá estava certo. Deveria mesmo ter muita inteligência para fazer boa escolha.

Orunmilá chamou sua esposa mais velha. Contou toda a história e perguntou Qual deve ser minha escolha? Ela respondeu Filhos, é claro! Com Filhos nunca seremos esquecidos!

Orunmilá chamou sua esposa mais nova. Contou toda a história e perguntou Qual presente devo escolher? Ela respondeu Dinheiro, é claro! Com Dinheiro poderemos comprar tudo que precisamos!

Orunmilá chamou seus discípulos. Contou toda a história e perguntou Que escolha devo fazer? Eles responderam Longevidade, é claro! Com Longevidade teremos tempo para aprender com o senhor!

Então Orunmilá fez sua escolha. Orunmilá escolheu a Paciência para morar em sua casa.

Assim que souberam disso, a esposa mais velha, a esposa mais nova, os discípulos, todos eles começaram a falar alto, reclamar, com as mãos na cabeça e o coração apertado, a dizer que Orunmilá não podia ter escolhido a Paciência. Eu disse que ele deveria escolher Dinheiro! Como Dinheiro?! Ele tinha que ter escolhido Filhos! Nem Dinheiro, nem Filhos! Orunmilá tinha que ter escolhido a Longevidade! E assim gritavam, xingavam e brigavam uns com os outros. Mas como Orunmilá havia escolhido a Paciência, não se abalou nem um pouco. Ficou sentado em um canto, bem tranquilo e calmo.

O tempo passou. E um dia, na casa de Olodumare, Dinheiro veio falar que sentia saudades de sua irmã, Paciência. Meu pai: posso morar com ela? Olodumare sorriu e disse É claro, meu filho. E assim, Dinheiro foi morar com sua irmã, Paciência, na casa de Orunmilá.

O tempo passou. E um dia, na casa de Olodumare, Filhos veio falar que sentia saudades de sua irmã, Paciência. Meu pai: posso morar com ela? Olodumare sorriu e disse

É claro, meu filho. E assim Filhos foi morar com sua irmã, Paciência, na casa de Orunmilá.

O tempo passou. E um dia, na casa de Olodumare, Longevidade veio falar que sentia saudades de sua irmã, Paciência. Meu pai: posso morar com ela? Olodumare sorriu e disse É claro, minha filha. E assim Longevidade foi morar com sua irmã, Paciência, na casa de Orunmilá.

Foi assim que Orunmilá, tendo escolhido a paciência, conquistou dinheiro, filhos e longevidade.

Comentários

Orunmilá escolheu a Paciência. E tendo elegido esta virtude, permitiu que outras fossem viver em sua casa. "Quem tem paciência tem tudo", poderíamos concluir. Note que estes são personagens antropomorfizados, tornados humanos. E por esta razão, "Filhos" está no plural, sem os erros de concordância que pudéssemos supor, como em "Filhos veio falar", ou "Filhos foi morar". É bom ter em destaque também que a atitude paciente descrita nesta história não é exatamente sinônimo de espera, mas de *serenidade*. Estes são predicados sempre elogiados no corpo literário de Ifá. Aliás, antes mesmo que houvesse feito sua opção, a narrativa informava das boas disposições de Orunmilá. Primeiro, por realizar sacrifício mesmo com tão poucas condições para isso; segundo, por fazer bem a quem sequer conhecia; terceiro, por desejar ouvir as pessoas mais próximas para que opinassem e influenciassem sua decisão; e, por último, por preferir a sabedoria como conselheira de sua preferência. Esta pequena história ainda ensina que é preciso se alimentar bem para evitar a doença e o mal-estar; que a generosidade é outra qualidade que nunca deve ser esquecida; e que Exu sempre come primeiro, que sempre deve ser lembrado e que é o grande amigo de Orunmilá e dos humanos.

Observe que, diante das dificuldades pelas quais passava, Orunmilá consultou Ifá com seus discípulos. Daí podemos retirar algumas lições: a primeira é derivada da relação entre Orunmilá e Ifá. Muito claramente, Orunmilá é o personagem tratado pela narrativa como um mestre em seu sacerdócio, um babalawo mais velho, que possui discípulos, enquanto Ifá é o oráculo ao qual recorre quando é preciso. Já havia tratado deste elo páginas atrás. Mas fica aqui demonstrada, com o reconto desta história de Ogbe Ogunda, a natureza desta ligação.

O segundo ponto que pode interessar é um tanto óbvio: Orunmilá, o orixá da inteligência, do conhecimento e da sabedoria, até ele tem necessidade da consulta oracular? Ora, é claro que sim. E por duas razões: a primeira é que Orunmilá retira do oráculo de Ifá seus atributos. Portanto, recorrer ao seu auxílio não é uma contradição ou uma redundância; na verdade é como pode ser definido. A outra razão é que Orunmilá, quando pede auxílio ao oráculo de Ifá e segue seus conselhos, oferece a conduta exemplar que deve ser observada por todos. Nas inúmeras histórias contidas no corpo literário de Ifá, os orixás, todos eles, desejam também saber como devem resolver seus problemas procurando por Orunmilá, que então examina o que aconselham os Odus. E, como disse antes, não só os deuses, mas objetos, plantas, conceitos, animais e, a rigor, potencialmente tudo o que existe. O que temos dessa forma é um modelo de conduta, expresso nas atitudes dos deuses, que assim ensinam como devem se comportar os humanos para conduzirem suas vidas.

De qualquer maneira, esta história de Ogbe Ogunda nos permite identificar alguns dos atributos associados à sabedoria de Orunmilá; ou seja, estamos falando de paciência, serenidade e mesmo de resiliência aqui. Em inúmeras outras narrativas do corpo literário de Ifá, podemos encontrar esse mesmo tipo de relação. Perceba que os presentes que Olodumare oferece, além da Paciência, são Dinheiro, Filhos e Longevidade. Talvez pudéssemos desejar também ouvir algo sobre ter saúde, amor, felicidade ou sucesso. O que seria perfeitamente legítimo. Afinal, é a isso que os iorubás chamam de *ire*, as coisas boas da vida. Em outra narrativa, por exemplo, presente no Odu Ifá Oshe Meji, conta-se a história de um personagem de ânimo terrível, incontrolável e violento, chamado Ajakadi, o guerreiro invencível. Era tanta a sua fúria, que ele não tinha paz. Com o desenvolvimento do enredo, descobrimos que os *ires* saíam todos os dias bem cedo para visitar as casas dos humanos. Mas Ajakadi era tão feroz que os *ires* não conseguiam passar nem próximo de sua rua. A disposição colérica de que era dotado impedia que conhecesse as coisas boas da vida. Dizendo de outro modo, histórias como estas ensinam que a serenidade e a paciência são fundamentais para permitir a conquista de uma vida feliz.

2 (Odu Ifá Osa Otura)

Certa vez, Orunmilá estava em sua casa quando ouviu baterem à porta. Ele se levantou e abriu. Era Oxalá, o mais velho e o maior de todos os deuses, inteiro de branco, com uma enorme comitiva que o acompanhava, integralmente de branco, roupas, bandeiras e dosséis. E Oxalá disse: Orunmilá! Vim chamar você para me acompanhar em uma jornada até os confins do mundo! Você vem? É claro que sim, Babá. Não se diz não para Oxalá. Mas Orunmilá! Não pararemos para nada! É claro que sim, Babá. Nunca se diz não para Oxalá. Orunmilá pegou alguma coisa pouca como bagagem e se juntou a Oxalá e seu cortejo. Assim partiram.

Oxalá tinha falado que não parariam para nada. E de fato, para nada pararam. Não pararam para comer. Não pararam para beber. Não pararam para descansar. Não pararam para distrair. Assim eles andaram, por muitos, muitos dias, sem para nada parar.

Porém, Orunmilá, depois de algum tempo, sentiu sua barriga apertar com umas dores bem conhecidas. Ai, ai, ai! Ele precisava dar um jeito naquilo. Como poderia? Ai, ai, ai! Justo nessa hora difícil passaram por um matinho que poderia muito bem cumprir a função de banheiro improvisado. Orunmilá correu para socorrer suas entranhas e se aliviar com rapidez. Ele agachou e fez força. Ah! Levantou sua cabeça, acompanhando o passo de Oxalá e sua procissão, que a essa altura já iam bem longe. Orunmilá se limpou como pôde e levantou o corpo. Mas nem sempre as coisas costumam ser como queremos.

Quando Orunmilá se pôs em pé, encontrou com um homem desesperado. Com susto, Orunmilá perguntou O que você faz aqui?! Eu procuro umas folhas... minha mulher está em trabalho de parto há dias... ela vai morrer... eu vou perder meu filho... não sei mais o que fazer... Você pode me ajudar?! Orunmilá olhou para o homem desesperado. Olhou para Oxalá que quase sumia das vistas. E então disse sério: Posso sim.

Orunmilá recolheu as folhas necessárias e correu com o homem desesperado para sua casa. Chegaram com grande alvoroço. Muita gente estava lá, tentando salvar a coitada que gritava de dor com o filho dentro de seu ventre inchado. Orunmilá pediu que lhe trouxessem uma bacia com água. Lavou, esfregou e triturou as folhas, produzindo um caldo de cor verde e escuro. Passou o líquido na barriga da mulher, recitou os encantamentos certos e a criança nasceu. Nasceu! Nasceu! Todos comemoravam. Nasceu! O homem desesperado, não estava mais. A mulher de ventre inchado, não estava mais. Todos se puseram alegres. Orunmilá, vendo a festa que faziam, foi saindo de fininho para tentar alcançar Oxalá, que a essa altura já não se via. Mas as pessoas que estavam ali se aproximaram de Orunmilá para dizer com agonia: Orunmilá, nós também temos problemas. Você pode nos ajudar? Foi assim que Orunmilá entendeu que deveria ficar.

E Orunmilá ficou. Todos os dias vinha o povaréu procurar por Orunmilá. De todo canto, vinha gente pobre e rica, nova e velha, grande e pequena. Orunmilá ajudou muita gente. Orunmilá resolveu muitos problemas. Fizeram casa para Orunmilá. Trouxeram comida e refresco. Trouxeram pagamento e respeito. E assim Orunmilá ficou naquele lugar. Muito tempo.

Certa vez, Orunmilá estava em sua casa quando decidiu consultar o oráculo de Ifá para si mesmo. Ifá recomendou que ele preparasse um grande banquete, com muita comida, com muita bebida. Ele receberia visitas. Orunmilá entendeu que deveria preparar uma festa para agradecer a acolhida que teve na cidade. Que deveria convidar todos para sua casa, comer, beber, cantar, dançar. Assim Orunmilá passou dias preparando o festejamento. Quando estava pronto, abriu as portas. E então ele viu. Oxalá, o mais velho e o maior de todos os deuses, inteiro de branco, com a enorme comitiva que o acompanhava, integralmente de branco, roupas, bandeiras e dosséis. E Orunmilá disse: Babá! Eu estava esperando o senhor!

Oxalá entrou. Todos entraram. E comeram, e beberam, e cantaram e dançaram felizes. Quando a festa já avançava, Orunmilá se sentou ao lado de Oxalá. Babá, me desculpe. Eu não o acompanhei... Mas Oxalá o interrompeu com brandura. Orunmilá, você não me deve desculpas. Não se acompanha quem quer que seja em uma jornada até os confins do mundo. Esse lugar sequer existe. E ainda sem parar para nada? Isso é insensatez. Orunmilá não entendeu. Mas e então? Orunmilá, na verdade meu convite era um enigma. E o primeiro a desvendar foi você. Hoje nós comemoramos sua escolha.

Foi assim que Orunmilá conheceu seu destino.

Comentários

Ouvi esta história pela primeira vez anos atrás, contada pelo babalawo Rodrigo Ifayode Sinoti. Era uma cerimônia de iniciação em Ifá. Conto isso porque este é um caso em que minha memória junta a contação do mito ao efeito que causou. A narrativa fala de escolhas e destino, ou melhor, da escolha do destino. Orunmilá, obediente à autoridade de Oxalá, o acompanha em uma jornada que mais tarde se revelará insensata. Mas no meio do caminho, Orunmilá se vê obrigado a fazer uma escolha, e também uma renúncia.

Orunmilá optou por seu destino e abriu mão do compromisso com a autoridade. Mesmo que a sensação de haver descumprido o chamado de Oxalá tenha se manifestado, ele seguiu sua intuição e fez o que sabia fazer: ajudou quem precisava de ajuda. Um dos outros aspectos interessantes dessa narrativa é que Oxalá, geralmente apresentado como um orixá tão intolerante quando é contrariado (como se vê também em outros Odu Ifá, a exemplo de Ofun Ogbe ou Osa Irete), aplaude a decisão de Orunmilá, dizendo ter ele desvendado um enigma. O que faz pensar: conhecer nosso destino e obedecer a seu chamado são dos maiores desafios existenciais que possuímos. Recordo o momento em que ouvi a história ser contada e o choque que provocou em quem a ouvia como coisa de seu pertencimento. Era a história de alguém que se contava novamente através da sabedoria de Orunmilá; alguém que havia passado muito tempo de sua vida sem saber que caminho seguir, que decisão tomar, que escolhas e renúncias fazer. Espero, amorosamente, que possa ter encontrado seu bom destino.

Quero ainda observar que a proposta feita por Oxalá nesta narrativa revela o caráter bem conhecido de seus devotos, na África ou na diáspora, de ser a divindade da sabedoria. Perceba que, sabendo se tratar de um enigma, Oxalá se dispõe a andar com seus seguidores até um lugar improvável, que se apresenta como "confins do mundo", de tal forma a estar ele também envolvido pelo mesmo desafio que impunha aos outros que o acompanhavam. Esta condição demonstra que Oxalá é sábio e, de maneira análoga, paciente, sereno, resiliente. Mas o mistério foi posto para que alguém o decifrasse. E Orunmilá, seguindo seu instinto – ou destino –, acaba por oferecer a resposta que Oxalá esperava. Então, não seria exagero pensar que este mito revela uma transmissão de responsabilidade, ou de atribuição, de Oxalá para Orunmilá.

Como se Oxalá oferecesse a Orunmilá a oportunidade de se revelar igualmente sábio e, assim, conquistar o direito de trazer esta propriedade como insígnia. Aqui poderíamos encontrar um artifício pacificador para a possível tensão entre estas duas divindades – e, por extensão, seus sacerdotes, devotos e campos religiosos correspondentes – em torno do tema da sabedoria como um predicado. Se pudermos levar adiante este argumento, então encontraríamos nesta narrativa uma transferência, partilha ou lição de sabedoria, proposta por Oxalá para Orunmilá.

Mesmo assim, é preciso notar que a natureza da sabedoria que encontramos nestas duas divindades é bastante diferente. Oxalá possui senioridade: então, ele é sábio porque é o mais velho. Seu exemplo é retirado do acúmulo de experiências, do conhecimento que possui das coisas do mundo e dos humanos que ajudou a criar. Orunmilá possui conhecimento: então, ele é sábio porque tem acesso a Odu. Sua sabedoria advém das inumeráveis narrativas que compõem o corpo literário de Ifá, sua interpretação e prática para resolver os dilemas humanos. Dizendo desta forma, não deveria haver disputa ou conflito aqui, senão entendimento do alcance que estas divindades possuem. E do ponto de vista teológico – talvez possa dizer assim – ou da cosmogênese iorubá, não se justificaria haver. Mas a religião é feita pelos humanos – e dizem alguns que até os deuses também. De tal maneira que um conflito em torno da sabedoria poderia revelar uma disputa religiosa bem mais ampla entre sacerdotes de orixá e de Ifá, como as que ocorrem em diversos pontos da África e da diáspora atualmente. Ou, ao contrário, que a narrativa que reproduzi aqui apontaria para uma solução conciliadora, admitindo o *status* da sabedoria de Oxalá e de Orunmilá, além da relação que possuem. Mas isso é assunto para outro ensaio.

3 (Odu Ifá Ejiogbe)

No começo do mundo, Olodumare pediu que Orunmilá levasse o conhecimento da religião aos homens. Orunmilá deveria chegar até à cidade de Ilê Ifé, onde tudo havia começado. Mas como reconhecerei essa cidade, meu pai? Você vai saber.

Orunmilá não sabia onde ficava a cidade de Ilê Ifé. Quando chegou ao mundo, começou a perguntar aos homens Como posso chegar a Ilè Ifé? Ele ouvia as orientações e seguia seu caminho. Mas Orunmilá sempre se enganava. É aqui Ilè Ifé, a cidade onde todas as coisas tiveram princípio? Não, não é. Como posso chegar lá? E Orunmilá ouvia novamente como deveria fazer para encontrar a primeira cidade e se colocava a andar.

Orunmilá repetiu muitas vezes seus erros sem conseguir chegar a Ilè Ifé. Dezesseis vezes Orunmilá se enganou. Até que se viu perdido em um deserto. Ele continuou a andar com os pés nas areias quentes sem chegar a parte alguma. Orunmilá se cansou de tanto procurar e esteve bem perto de desistir.

Foi quando Orunmilá enxergou de longe um grande oásis. Será que me confundo novamente? Será que o que vejo não é o que vejo? Ele se pôs a correr com as últimas forças que tinha. E dessa vez seus olhos não haviam produzido engano. Orunmilá ajoelhou na beira da água e bebeu. Bebeu até saciar a sede.

Nessa hora, Orunmilá falou baixinho com tristeza Meu pai, eu falhei. Não consigo encontrar Ilè Ifé. Então ele ouviu uma voz em sua cabeça que dizia: Lave seus olhos. Era a voz de Olodumare! Lave seus olhos. Orunmilá lavou seus olhos e os deixou fechados por um momento breve. Agora abra seus olhos. Orunmilá abriu os olhos devagar e viu de longe

Ilè Ifé, a primeira cidade, brilhante feito pedra de cristal. Era Ilè Ifé, com certeza! Orunmilá levantou e seguiu o caminho.

Foi assim que Orunmilá levou a religião à cidade sagrada de Ilè Ifé.

Comentários

Há muitos anos ouvi esta história ser contada por um babalawo mais velho, de quem miseravelmente esqueci o nome. Tempos mais tarde, encontrei este mesmo relato em Osamaro Ibie, no primeiro volume de sua extensa obra, anotado no Odu Ifá Ejiogbe. É uma narrativa importante, por afirmar a conhecida condição de Ejiogbe como "messias de Ifá", além de apontar para uma conduta cerimonial que ali se revela. Porém, o que me agrada nesta história é encontrar Orunmilá em uma condição muito humana de incerteza e dúvida. Ele não sabe onde fica seu destino e, mesmo assim, não cansa de tentar chegar até ele. Orunmilá está confuso, desorientado e chega a acreditar que perdeu o próprio discernimento. É como se pudéssemos ver a *história por detrás da história*, o esforço da obra enquanto se realiza, encontrando o orixá da inteligência, do conhecimento e da sabedoria experimentando a angústia de não saber, a aflição da insegurança, o transtorno hesitante da cegueira momentânea, mesmo quando o que precisamos enxergar está bem diante de nossos olhos. Podemos, talvez, retirar desta narrativa uma ou outra lição sobre como devemos enfrentar nossos desafios e a determinação necessária para superá-los. Da mesma maneira, perceber os limites que todos possuímos, sem exceções ou privilégios.

Dito isso, parece-me que a maior importância a ser destacada a partir desta narrativa é a responsabilidade que Orunmilá recebe de Olodumare: ele deveria levar o conhecimento da religião aos homens. Ora, sob muitos aspectos, esta instrução pode se mostrar problemática. O primeiro embaraço que se insinuaria é: de qual religião estamos falando? Essa não é uma resposta simples. Porque seria pouco provável que estivéssemos nos referindo a um sentimento religioso em geral aqui. Então, qual seria? A de Ifá, certamente. E isso não poderia ser estendido ao conhecimento sobre orixá? Ou devemos fazer, como muito frequentemente os babalawos admitem, que tudo o que importa para as liturgias de orixá está contido na literatura oral de Ifá? Sendo este o entendimento da história, Orunmilá seria posto na condição de grande patrono da religião iorubá, mesmo considerando o fato, que deixei assinalado páginas atrás, de não haver um conjunto coeso de deuses e de suas práticas. Indagar sobre qual religião a que estamos nos referindo com esta história parece levantar dúvidas e problemas graves sobre o relacionamento dos sacerdócios de Ifá e de orixá, seja no ambiente africano ou diaspórico. Devo lembrar que os cultos a Xangô, Oxóssi, Oxum, Iemanjá, Oxalá, entre tantos outros deuses, foram, ou integrados por missionários e intelectuais cristãos ainda em solo africano – respondendo às suas percepções etnocêntricas –, ou reunidos por escravizados e seus descendentes americanos, como forma de preservação, resistência e adaptação, impostas pelo exílio. Dizendo de outra maneira, cada orixá é patrono de sua própria religião. Então, devemos retomar a pergunta: de qual religião estamos falando nesta história?

Acredito que é possível encaminhar pelo menos uma resposta. Não exatamente solução, é preciso dizer, porque ela afinal expõe o problema. E também porque este não será um tema que se supera com duas conversas. De qualquer forma, o que proponho é reconhecer a existência de um impasse: esta história revelaria a afirmação da supremacia de

Orunmilá como *fundador da religião* – supondo que saibamos do que se trata aqui, ou simplesmente negligenciando seu questionamento. Pensando assim, haveria a confirmação de uma indigesta disputa sobre o patrimônio religioso iorubá, em que os sacerdotes de Ifá vêm ganhando cada vez maior destaque e proeminência, mesmo internacionalmente. Nesta disputa, os sacerdotes de orixá estariam pouco a pouco perdendo espaço para um discurso hegemônico, liderado por babalawos e intelectuais – como é exemplarmente notável o caso dos Abimbola –, baseados no extenso conjunto de mitos que respaldam o conhecimento de Ifá. Ou seja, é reinventar o jogo, com novas regras, tornando só um jogador capaz de vencer. Quero que o leitor entenda que não tomo partido quando falo disso. É uma simples constatação do que vem acontecendo nos últimos anos na Nigéria, em Cuba ou no Brasil, por exemplo, lugares de forte presença das religiões de matriz iorubá, e em que os sacerdócios de Ifá e de orixá têm entrado em conflito crescente.

Por fim, não custa contemporizar. Na história que contei, Orunmilá acaba por cumprir o mandato de Olodumare, levando o conhecimento da religião para Ilè Ifé. Então, dentro do contexto permitido pelo corpo literário de Ifá, Orunmilá é, sim, o fundador da religião para os humanos. Além disso, mais um componente de suas atribuições intelectuais estaria confirmado nesta história, na medida em que a inteligência, o conhecimento e a sabedoria que possui podem ser estendidos para o campo religioso. Entenda, não cabe aqui simplismo ou redundância, visto que ser patrono do oráculo de Ifá não garantiria necessariamente o patronato sobre a religião. Mas com esta narrativa de Ejiogbe, Orunmilá assume mais este atributo. E, afinal, tudo o que é preciso saber acerca da liturgia dos orixás pode ser encontrado nas inumeráveis narrativas dos 256 Odu Ifá. Assim entende a maioria dos babalawos.

4 (Odu Ifá Ogbe Fun)

Toda a gente contava histórias sobre Orunmilá. Todos saudavam Orunmilá por seu conhecimento. Todos admiravam Orunmilá por sua inteligência. Todos respeitavam Orunmilá por sua sabedoria. Orunmilá deu bom conselho! Orunmilá fez boa oferenda! O nome de Orunmilá era conhecido em todo canto: viajava com o vento do deserto, chegava aos rios de sinuoso destino, corria os vales férteis, se elevava nas altas montanhas e embalava as águas do mar.

Oxalá se incomodava com isso. Oxalá sempre foi o maior, o mais antigo dos deuses antigos. Por que agora todos só falavam de Orunmilá? Será que esqueceram quem tem o branco como insígnia? Será que não lembram quem tem as costas curvas e o cajado nodoso? Oxalá chamou Orunmilá para um desafio. Oxalá, o "mais grande"! Oxalá o mais antigo! Oxalá deveria ser também o mais sábio.

Oxalá reuniu todos os deuses como testemunhas. Estava lá Exu, o senhor do mundo, dono dos caminhos e de tudo o que se movimenta. Estava lá Ogum, dono do ferro, o guerreiro invencível, o ferreiro habilidoso, aquele que conhece o medo no interior das coisas. Estava lá Xangô, o rei mais bonito, a alegria de estar vivo, o dono da festa, da comida, da bebida, da dança e do martelo da justiça. Estava lá Ossaim, mestre das folhas, de todos o maior feiticeiro, conhecedor de erva e raiz, fazedor de remédio e veneno. Estava lá Omolu, doutor das artes da cura e da doença, tão bonito, coberto de palha para ninguém ver, tanta era a inveja dos outros. Estavam todos lá. Estava lá Oxum, a senhora do mercado e do cobre, aquela que seduz no claro do dia e faz a guerra no escuro da noite. Estava lá Iemanjá, dona dos seios grandes, do sexo úmido para os amantes e do colo morno para os filhos. Estava lá Oyá, aquela que é o búfalo indomável – e disso não devemos ter conhecimento –, o vento selvagem e a tempestade sem controle, a mãe furiosa e a senhora dos mortos. Estava lá Nanã, a avó muito velha, do tempo em que os homens ainda se feriam com espadas de madeira e construíam suas casas com lama e osso. Estavam todas lá. E Oxalá perguntou Orunmilá, você é mesmo sábio? Não, Babá, Orunmilá respondeu. Eu só cumpro o que me recomenda Olofin.

Oxalá entendeu que Orunmilá tinha feito um disfarce sem modéstia de seus talentos e não recuou. Orunmilá! Todos falam de sua inteligência, todos falam de sua sabedoria. Todos parecem disso ter certeza. Mesmo assim, gostaria que nos desse prova de suas habilidades. Gostaria que você secasse o mar. Você pode fazer isso? Que fazer? Que proposta seria essa? Exu achou graça, Ogum não chegou a entender; Oxum quis brigar, Yemanjá quase desmaiou e Nanã não saiu de onde estava. Orunmilá, sem que se abalassem os nervos disse a Oxalá: É claro que sim, Babá! É claro! Mas enquanto trabalho, sinto fome. Muita fome. O senhor me faria a gentileza de cozinhar umas coisinhas pra mim enquanto vou secando essa água toda? Oxalá, sem retorno ou saída, não teve outra resposta a não ser É claro que sim, Orunmilá. É claro. Orunmilá tirou de um de seus bolsos cinco pedras e um pequeno leque que entregou para Oxalá. Aqui está, Babá. O senhor vá cozinhando essas pedras, por favor. Pode usar esse leque pra abanar o fogo. Já começo meu trabalho. Orunmilá pegou um pote bem miúdo e foi fazer seu serviço. Oxalá pegou as cinco pedras bem duras e foi prestar seu favor.

Os dias passaram. As noites também. Oxalá estava nervoso. Oxalá estava cansado. Oxalá não suportava mais ficar abaixado na beira do fogo, vigiando o cozinhamento das pedras. Mas as pedras não cozinhavam. Orunmilá, por sua vez, não parava de trabalhar. Ia e vinha da beira da praia, com o potinho cheio de água salgada, sem que o mar aparentasse estar menor que antes. Oxalá, muito irritado, não aguentou mais e explodiu: Orunmilá! Isso é impossível! Essas pedras não cozinham! Essa comida nunca ficará pronta! Orunmilá, respondeu com singeleza: Eu sei disso, Babá. Você sabe disso?! Respondeu Oxalá furioso. E me fez perder tempo cozinhando pedras que não podem ser cozidas?! Sim senhor. Da mesma forma que o mar não pode ser seco, essas pedras não podem ser cozidas. Oxalá passou a dizer para todos que Orunmilá tem conhecimento; Oxalá passou a dizer para todos que Orunmilá tem inteligência; Oxalá passou a dizer para todos que Orunmilá tem sabedoria.

Foi assim que Orunmilá, sem poder secar a água do mar, provou ser o mais sábio.

Comentários

Novamente uma história em que Oxalá provoca Orunmilá. E mais uma vez também Oxalá, *orixá n'lá*, o grande orixá, reconhece as habilidades que tem o deus da inteligência, do conhecimento e da sabedoria. É muito significativo dizer que diante de Orunmilá, Oxalá se coloque em uma condição de disputa ou desafio. Alguém diria: inveja, o que seria indesejável em se tratando de quem se trata. E não serei eu aquele que irá endossar esse pensamento. Mas o fato é que Oxalá põe Orunmilá à prova e igualmente o expõe. A alternativa foi um artifício, devolvendo o desafio com outro. Então o que se vê é um jogo, ou duelo, em que o vencedor é não só o mais sábio, mas também o mais paciente e brando. Daí se retirarem conselhos para que sejam evitados enfrentamentos desnecessários, respeitar a senioridade dos mais velhos e preservar a serenidade para que as soluções mais inteligentes se apresentem com a simplicidade que somente o óbvio possui.

Essa história tem uma coisa de que gosto muito: é um humorzinho sutil, um sorriso no canto da boca enquanto contamos. Talvez esse tom quase cômico exponha o absurdo da proposta de Oxalá – secar o mar –, da mesma maneira que permite a resposta meio cínica, meio risonha, de Orunmilá – cozinhar pedras para comer. Mas perceba que não houve desrespeito. A autoridade de Oxalá não foi confrontada, desqualificada ou ridicularizada. Orunmilá devolve, em igualdade de condições, a proposta que lhe foi feita, revelando o despropositado da circunstância em que foi colocado diante de todas as divindades. E assim, mais uma vez, ele se provou sábio e sereno.

Muito bom. Mas longe de ser uma narrativa graciosa, ela permite inferir as tensões entre os sacerdócios de orixá e Ifá expressas na disputa de Oxalá e Orunmilá. Novamente.

5 (Odu Ifá Ogbe Tua)

Orunmilá era um sacerdote próspero. Em sua casa havia fartura. Em sua casa havia limpeza e organização. Orunmilá se vestia com boas roupas. Orunmilá andava com distinção e respeito. Nesse tempo em que tudo parecia correr tão bem, Orunmilá decidiu que deveria se casar. Ele gostaria de ter uma esposa para dividir sua vida.

Orunmilá conheceu Iwá, Caráter, filha de Babá Suuru, a Paciência, e se apaixonou por ela. Iwá era tão bonita, tão delicada, tão suave. Como resistir? Orunmilá propôs casamento. Ela disse que sim. Mas, Orunmilá, você deverá me respeitar como eu sou e nunca, nunca, nunca me tratar mal. Não aceitarei ficar longe de minha casa nem vou admitir ser usada como se faz com a água da chuva. Orunmilá aceitou o compromisso. Disse a Iwá que sempre a trataria com carinho, bondade e amor. E assim se casaram, Orunmilá e Iwá; o Orixá do conhecimento e da sabedoria se casou com Caráter.

Mas correu o tempo e as coisas foram mudando. Orunmilá não parecia estar satisfeito com sua esposa. E por que isso? Ela seria desorganizada? Ela seria enxovalhada? Ela seria preguiçosa? Esta história não diz qual seria a falha de Iwá. Esta história não diz sequer se Iwá teria ou não falha que justificasse a mudança de atitude de seu marido, Orunmilá. E se falha houvesse, mesmo assim, Orunmilá não conhecia sua esposa? Não sabia que Iwá era Caráter? Então, Iwá fez o que havia prometido: foi embora.

Orunmilá voltou para sua casa e não encontrou Iwá. Orunmilá foi à rua e não encontrou Iwá. Orunmilá foi ao mercado e não encontrou Iwá. Onde poderia estar? Orunmilá foi à casa de Alará e não encontrou Iwá. Orunmilá foi à casa de Oragun e não encontrou Iwá. Orunmilá foi à casa de Ogbere e não encontrou Iwá. Orunmilá foi à casa de Oshetrupon e não encontrou Iwá. Orunmilá consultou Ifá, que lhe disse que em nenhum lugar desse mundo Iwá estava. Que Orunmilá deveria fazer sacrifício com dinheiro e mel para Exu. E assim foi feito.

Quando Exu provou o mel que Orunmilá havia lhe oferecido, disse encantado: Mas que coisa é essa que você me deu para comer? E se fartou de mel. Exu disse a Orunmilá que Iwá não estava em nenhum lugar desse mundo. Mude de roupa! Disse Exu. Você precisa se vestir como fazem os mortos. Para onde vamos os vivos não têm entrada. Orunmilá se cobriu inteiro com muitos panos coloridos e velhos, e foi atrás de sua esposa Iwá.

Orunmilá chegou ao Orun, ao mundo invisível, que está neste mesmo mundo em que estamos agora sem que o possamos enxergar, onde vivem os mortos e os deuses da criação. Orunmilá encontrou Iwá, sua esposa. Correu para ela e disse Volte comigo! Me perdoe! Volte! E Iwá respondeu com brandura: Não, meu querido. Não vou voltar. Mas vá para sua casa. Cuide de suas coisas. Case novamente. Tenha filhos. Prospere. Seja feliz. Não se esqueça de mim. Cuide de se lembrar de mim. E eu sempre estarei com você.

Orunmilá voltou para sua casa. Orunmilá se casou novamente. Orunmilá teve filhos. Orunmilá prosperou e foi feliz. E Orunmilá nunca se esqueceu de sua primeira esposa Iwá.

Foi assim que Orunmilá se casou pela primeira vez.

Comentários

Esta é uma história de amor e relacionamentos. Também é uma história sobre ética e sobre o valor que têm as pessoas, sendo quem são. Wande Abimbola (1975) faz uso dela para falar da noção de "bom caráter", *Ìwàpèlè*, em seu trabalho a essa altura bem conhecido. Segundo o autor, a palavra *Ìwà* pode ser traduzida como "o fato de ser, viver ou existir". Com isto, Abimbola sugere a extrapolação de *Ìwà* como caráter e *Ìwàpèlè* como "bom caráter" ou "caráter manso e gentil", uma das virtudes mais importantes na compreensão iorubá. Ele interpreta a caracterização de *Ìwà* como uma mulher, esposa de Orunmilá, de forma a representar as dificuldades por que todo ser humano pode passar diante de desafios éticos. Sim, porque, nesta versão apresentada por Abimbola, *Ìwà* é curiosamente uma mulher pouco virtuosa. Em outra variante desta mesma narrativa, apresentada pelo babalawo Falokun Fatunmbi (2014), a conduta de *Ìwà* é apontada como a de uma mulher que não demonstra qualquer desvio de caráter. Foi esta a opção que preferi usar para recontar sua história. Apesar disso, é inegável que o conto de *Ìwà* denuncia um grave problema de preconceito em relação às mulheres e aos papéis sociais que desempenham, ou que é esperado que desempenhem. Nunca é excessivo lembrar que o corpo literário de Ifá, com seus inumeráveis mitos, é produto dos humanos, não exatamente da ação direta dos deuses. Por este motivo, é preciso estar sempre atento para retirar mais de uma sabedoria de suas histórias.

    Mas o que importa destacar deste mito é que Orunmilá, o orixá da inteligência, do conhecimento e da sabedoria, precisou aprender uma lição com sua esposa. Que sendo como é, *Ìwà* se mostrava virtuosa, mesmo não cabendo nos padrões de comportamento que seu esposo pretendia. Falando com sinceridade, Orunmilá parecia querer uma esposa à "moda antiga", subserviente, subalterna. Certamente é um comportamento que reflete o que pensam os homens do contexto social em que esta história surgiu. Então, não seria excessivo pensar que a lição de *Ìwà* poderia muito bem ser uma resposta contemporânea à condição das mulheres e do feminino. Ela vai embora porque o pacto estabelecido inicialmente com seu esposo foi rompido por ele. E apesar de seu arrependimento e extraordinário esforço para resgatar a amada, Ìwà não retorna. A solução da história é muito simbólica: Orunmilá aprende a lição e aprende com isso a cultuar o bom caráter. Bom também seria se os humanos aprendessem também.

Por fim, agradeço a sugestão dos babalawos Luís Henrique Chauvet de Andrade, Omoadeifá, Cláudio Falcão, Ifásinmi, e Guilherme Gabriel Santos Bomfim, Ifáshegun, que lembraram a importância desta história e a necessidade de recontá-la aqui. Obrigado.

6 (Odu Ifá Okana Ogbe)

Olodumare estava satisfeito. Todos os esforços feitos até àquela altura para a criação do mundo, tal como o conhecemos agora, haviam alcançado sucesso. O mundo tinha terras; terras quentes e frias, úmidas e secas, terras abertas no horizonte, espalhadas por estradas, descendo do firmamento feito desfiladeiro precipitado, contidas em vales, voçorocas, restingas e gargantas. O mundo tinha águas; águas quentes e frias também, doces e salgadas, águas soltas em oceanos, correndo por rios, caindo do céu feito chuva despenhada, represadas em lagoas, charcos, brejos e pântanos. O mundo tinha todas essas coisas. E tinha mais. Tinha as plantas: as de fruto, as de flor, as de folha, as de tronco. Tinha os bichos: os de pelo, os de asa, os de couro, os de escama. Tinha tudo isso e muito mais. E também os humanos.

Mesmo assim, com tantas coisas, no mundo ainda não havia sabedoria. Por essa razão, Olodumare convidou todos os seus filhos para um jantar em sua casa. Todos comeram. Todos se fartaram. As divindades da direita. As divindades da esquerda. Todos estavam satisfeitos. Olodumare então disse Quero dar um presente. Quero dar a um de vocês sabedoria. Em 19 dias jogarei no mundo uma pequena bolsa de couro. É a bolsa da sabedoria. Aquele que a encontrar será o mais sábio. Dizendo isso, Olodumare mostrou a bolsa da sabedoria a todos. Olhem! Reparem como ela é. Observem seus detalhes. Ela cairá no mundo. Não posso dizer onde. Poderá ser em qualquer lugar: na floresta, na savana, em uma cidade, em um rio ou no caminho entre os caminhos. Voltem ao mundo e se preparem.

Assim fizeram as divindades. Voltaram ao mundo e se prepararam. Cada uma a seu modo. Alguns fizeram feitiços. Outros sacrificaram animais. Houve aqueles que juntaram armas de guerra. E ainda os que nada fizeram por contarem com a sorte, e então festejaram sem preocupação. Mas todos pensavam da mesma maneira: Serei eu o dono da bolsa da sabedoria! Serei eu a encontrá-la. Mas Orunmilá não agiu assim.

Nesse tempo, Orunmilá e Oxum estavam sempre em companhia um do outro. Faziam todas as suas coisas juntos. E por essa razão, procurariam a bolsa da sabedoria juntos. Os dois pegaram alguns búzios e foram à casa dos divinadores atrás de orientação. O que vocês querem saber? Eles perguntaram. Queremos o que todas as divindades querem. Queremos encontrar a bolsa da sabedoria. Queremos que ela seja nossa. O que devemos fazer? Os divinadores disseram que deveriam fazer sacrifício. Deveriam oferecer os paramentos que usavam, um camundongo e 201 pequenas bolsas de couro repletas de búzios. Orunmilá não pensou duas vezes em fazer o sacrifício. Entregou suas roupas. Entregou o camundongo. Entregou as pequenas bolsas cheias de búzios. Mas Oxum... Oxum disse Me deixem quieta! Me deixem descansar! Faça o sacrifício com seus paramentos! Faça o sacrifício com as outras coisas! Oxum não fez o sacrifício.

O tempo passou. Como sempre acontece. E há dias Olodumare havia lançado a bolsa da sabedoria no mundo em lugar misterioso. Todas as divindades procuravam sem achar. Procuravam nas florestas, nas savanas, nas cidades, nos rios e nos caminhos. Em nenhum lugar a bolsa da sabedoria estava. Não valeram feitiços, não serviram os animais sacrificados, não prestaram as armas de guerra, e também não importaram a sorte e os festejamentos. Nada foi suficiente para encontrar a bolsa desejada.

Oxum chegou tarde em casa. Tirou suas roupas douradas e as pendurou para descansar. Oxum dormiu aquela noite, profundamente. Não viu quando um camundongo subiu pelo cabideiro, agarrou-se às roupas e roeu seus bolsos.

Na manhã seguinte acordaram todas as divindades para continuar a patrulha. Se espalharam pelo mundo, olhando em todos os cantos, tentando encontrar a bolsa amada. Nada encontravam. Não importava onde. Não era possível encontrar. Mas, naquele dia Oxum encontrou. Onde foi? Não sabemos. Certamente naquele lugar onde ainda não haviam procurado. Oxum encontrou a bolsa da sabedoria. E ela gritou Encontrei a bolsa da sabedoria! É minha! É minha! Guardou a bolsa preciosa em seu bolso e se pôs a correr para casa.

Oxum foi rápido por entre as florestas mortas, os rios de curso caudaloso, as montanhas mais altas e os vales mais extensos. Oxum voltava rápido para sua casa quando – ah, mas que pena! – a bolsa querida caiu de seu bolso furado, comido à noite pelo camundongo. Oxum não percebeu, mas a bolsa da sabedoria caiu no caminho para sua casa.

Sem saber do ocorrido, Oxum não se cabia de tão contente. Mandou buscar Orunmilá. Venha, meu querido! Venha! Eu encontrei o que todos queriam! É minha agora! Venha ver! A bolsa da sabedoria é minha! Orunmilá foi à casa de Oxum. E no caminho encontrou caída a bolsa ansiada. Orunmilá reconheceu. Era ela! A bolsa da sabedoria. Orunmilá a pegou e levou consigo.

Orunmilá chegou à casa de Oxum. Ela estava radiante, como a água do rio quando reflete o sol. Encontrei! Encontrei! A bolsa da sabedoria! É minha! Orunmilá pediu Deixe ver! Oxum se negou. Não! Não deixarei nenhum homem ver. E se deixasse, ele deveria me trazer 200 vacas, 200 cabras, 200 ratos, 200 peixes e muito, muito dinheiro! Orunmilá implorava. Orunmilá suplicava. Orunmilá se humilhava. Queria ver o que dentro havia. Mas Oxum não mostrava a bolsa descoberta. Então, ele voltou para sua casa.

Oxum comemorava o achamento. Enfiou as mãos em um bolso. Onde estava? Enfiou as mãos no outro bolso. Onde estava? Os bolsos estavam furados. Oxum entendeu. Saiu de sua casa, refazendo o caminho percorrido. E nada. Oxum não tinha mais a bolsa da sabedoria. Ela correu até a casa de Orunmilá. Ele já esperava por isso. Oxum contou o que se deu e Orunmilá mostrou seu tesouro. Oxum implorava. Oxum suplicava. Oxum se humilhava. Queria ver o que dentro havia. E ao contrário do que fez Oxum, Orunmilá disse que dividiria com ela seu conteúdo. Mas por que ela se negou a fazer a partilha quando foi sua vez, Orunmilá disse que só revelaria uma pequena parte do que continha a bolsa da sabedoria. Essa bolsa, tão ambicionada, guardava a sabedoria de Ifá, o destino dos humanos no mundo. Então foi assim que Oxum passou a consultar o erindilogun. E Orunmilá passou a conhecer os segredos de Ifá.

Foi assim que Orunmilá encontrou a bolsa da sabedoria.

Comentários

Conheço esta história publicada em verso no texto antigo e pouco conhecido de Wande Abimbola chamado (em português) *A bolsa da sabedoria: Oxum e as origens da adivinhação de Ifá* (ABIMBOLA, W., 2001). Ele foi dado a conhecer no Brasil através da tradução do babalawo Rodrigo Ifayode Sinoti, a quem devo sempre agradecer por seus esforços de estudo e divulgação do conhecimento de Orunmilá e Ifá entre nós. Muito obrigado.

É uma história com algumas armadilhas prontas para pegar os desavisados e incautos. Então, vamos com cuidado.

Oxum é a senhora do cobre e dos metais de valor, é a dona do mercado, das águas doces, da fertilidade e da riqueza; ela é frequentemente retratada como sendo sedutora, briguenta, caprichosa e, da mesma maneira, amorosa, compassiva e maternal. Nos mitos do corpo literário de Ifá, Oxum é muitas das vezes tratada como a esposa de Orunmilá, sua maior e mais fiel companheira. Por esta razão, a história que recontei aqui é tão importante. Ela revela um aspecto da relação do casal divino, em particular suas vinculações com os segredos da consulta oracular.

Primeiro a dizer, a *bolsa da sabedoria* é o repositório do conhecimento de Ifá e, portanto, do acesso a esse mesmo conhecimento através da consulta oracular. Abimbola ensina que os recursos de acesso à divinação de Ifá são o *dida owo* (a consulta através do *opele*), o *agbigba* (uma outra corrente de Ifá, diferente do *opele*), o *ètitẹ̀-alẹ̀* (os *ikins*, caroços do dendezeiro), o *erindinlogun* (os búzios) e o *obi* (a noz de cola) (ABIMBOLA, W., 2001). Então, é lícito concluir que todas estas formas de exame ou leitura dos destinos humanos estavam guardadas na tal bolsa que Olodumare jogou no mundo para ser achada. Ou, dizendo de outra maneira, compartilham uma natureza comum, como irmãos que chegaram a ter vida nascidos do mesmo ventre.

A origem do oráculo de Ifá tem mais de uma fonte de referência dentro de seu corpo literário. Além deste Odu Ifá Okana Sode, sabemos que Exu entrega a Orunmilá o controle das artes da divinação em Baba Ejiogbe, e que o nascimento do uso do *opele* se encontra em Ogunda Meji. Já em Ogbe Osá Orunmilá será testado, como todos os babalawos, por Olodumare, em uma sabatina realizada anualmente. Orunmilá se atreveu a levar sua esposa junto consigo, apresentando-a na assembleia como divinadora também. Ela fala para Olodumare, que se impressiona com seu conhecimento. Nessa altura, Orunmilá informava a todos que Oxum conhecia o segredo do *erindinlogun*, e através dele podia fazer divinação. O deus-pai reconhece os talentos de Oxum e diz "De hoje em diante e para todo o sempre / tudo o que *erindinlogun* disser / embora não seja dito em detalhes, é verdadeiro. / Qualquer um que o desacredite / verá as consequências prontament e / não esperará o dia seguinte" (ABIMBOLA, W., 2001). É também em Ogbe Osá que Orunmilá cai preso em uma armadilha preparada por *Ajé*. Abimbola diz serem canibais. De fato são. Com todo o respeito, porém, é sabido que *Ajé* são as feiticeiras, também conhecidas pelo nome temido de *Iyámi Òsòròngá* (VERGER, 1992a), de quem Oxum é *sewó*, ou líder. Pois é assim que Orunmilá consegue escapar das furiosas comedoras de carne humana, graças à intervenção de Oxum. Por esta razão, Orunmilá cria o *erindinlogun* e o entrega como presente para sua salvadora e amada.

Para onde quer que possamos olhar, a relação de Oxum e Orunmilá com os oráculos está bem consolidada. Então, o que talvez esteja em jogo é uma questão de primazia e outra de eficácia. Quero falar disso.

Quanto à primeira questão, que chamei de primazia, preciso começar tentando desqualificá-la como falsa. Na verdade, se for mantida a confiança nos mitos de Ifá, o conhecimento do conteúdo da bolsa da sabedoria é igualmente distribuído entre os *ikins*, o *opele* e os búzios, de tal maneira que não parece ser correto tentar saber se um ou outro tem vantagem por sua precedência ou preferência. Pelo que se depreende do mito que recontei aqui, os dois oráculos têm a mesma origem. E dizendo de outra maneira, andam juntos, como seus patronos, Orunmilá e Oxum.

Quanto à eficácia, o problema é de outra natureza. Entenda, talvez seja muito simples convencer qualquer um de que não existe um instrumento tão bom que faça seu serviço sozinho. Será possível pensar em um computador, um martelo ou um violino capaz de realizar o que foi pensado que fizesse sem a intermediação de alguém, de um competente conhecedor de seu ofício? Pois é: não. Da mesma maneira, o *opele* ou os búzios não falam com suas bocas encantadas sem uma mediação. Então, a eficácia oracular depende da eficácia sacerdotal. Se for lícito aceitar que o oráculo de Ifá possui uma complexidade maior, pelo número matematicamente superior de suas combinações, e pelo conjunto mais extenso de histórias que referendam a divinação, isso, porém, não garante nem sua primazia nem sua eficácia. De outra forma, talvez comprometa ainda mais seus sacerdotes, os babalawos, a se tornarem grandes, incansáveis e obstinados estudiosos de seu ofício. E não quero fazer nenhuma provocação gratuita, mas um dos provérbios deste mesmo Odu Ifá, Okana Ogbe, diz: *o que se sabe não se pergunta*. Então, é recomendável aos intransigentes e recalcitrantes não esquecerem esse ensinamento e celebrarem as artes de Oxum e seus 16 búzios falantes.

Quando escrevi esta versão da história da bolsa da sabedoria, convidei uma sacerdotisa de Oxum, Iyá Niké, também iniciada em Ifá, para que fizesse comentários. Muito obrigado pelo carinho da leitura e o cuidado com as anotações que me enviou. Entendi que essa atitude era necessária e conveniente por muitas razões. Uma delas é que sinto como se estivesse entrando na casa de Oxum de cabeça baixa, como deve ser. Iyá Niké fez algumas observações importantes que quero aproveitar para compartilhar aqui.

A primeira delas foi lembrar que "as coisas do mundo já estavam prontas. Já tinha ideia de fartura, zona de conforto. Mas sem sabedoria." De fato, a história tem início com Olodumare satisfeito com sua criação, quando a sabedoria foi apresentada como presente e também como jogo, ou disputa. O fato é que todas as divindades se prepararam, cada uma a seu modo, para a procura. Observe que Orunmilá e Oxum foram consultar divinadores. Então, já havia alguma forma de consulta oracular da qual nada conhecemos; mas certamente não era baseada na sabedoria de Ifá. Iyá Niké observou que Oxum saiu desta consulta "atordoada" e se recolheu. "Não consigo deixar de ver aqui um processo feminino, ligado aos ciclos de nascimento e morte. Esse recolhimento... esse descansar... esse voltar-se para dentro de si... [...] Como se a busca fosse interior." Ela seguiu comentando que esse processo feminino de introspecção de Oxum foi fundamental para a narrativa. É depois desse "recolhimento" que Oxum encontra a bolsa da sabedoria para logo em seguida perdê-la. E Iyá Niké arrematou: "parece que com a bolsa da sabedoria não vem exatamente uma atitude sábia; a bolsa convoca."

Essa observação de Iyá Niké me pareceu das mais valiosas. De certa forma, ela endossa o que havia escrito antes: a bolsa da sabedoria precisa ser manejada por mãos sábias. E mais, *a bolsa convoca*. Convoca a quê? Posso pensar que uma boa resposta à sua provocação seja o convite ao exercício da sabedoria como um processo de constante conquista, como se encontrar a bolsa nunca fosse suficiente; porque, mesmo tendo encontrado, seguimos procurando. A bolsa não é achada, afinal; a bolsa é procurada. Sempre.

Mas não se poderá recusar o incômodo que esta história acaba causando. A percepção da conduta de Oxum deixa entrever o forte componente misógino que sociedades como a nigeriana ou as latino-americanas possuem. A narrativa nos faz entender que Oxum – uma das divindades mais poderosamente identificadas com o feminino – é descuidada, desrespeitosa, interesseira e submissa. E que Orunmilá, ao invés, é atento, cuidadoso, generoso e magnânimo. Ora, segundo esta narrativa, Oxum passa a ter domínio sobre um oráculo, que não só é descrito como menos preciso e mais limitado que o de Ifá, mas que ainda por cima foi oferecido por Orunmilá, quase como um consentimento piedoso. Entenda, esta é uma história retirada do corpo literário de Ifá, que podemos tomar como sagrado – sim! – e, portanto, supostamente inquestionável, o que, nesse caso, constitui problema. Existem outras tradições que justificam o conhecimento e a eficácia do *erindilogun* sem a intermediação, beneplácito ou autorização de uma entidade representante do masculino.

Mais uma vez encontramos aqui o duelo entre a religião de Ifá e a de orixá, agora sob o manto sombrio do preconceito misógino, da disputa em torno da consulta oracular e do desejo de muitos sacerdotes de consolidarem um discurso hegemônico respaldado no recurso do mito. Mesmo assim, entenda, isto não desmerece a história que recontei aqui, muito menos a desqualifica como fornecedora de alguma sabedoria a ser utilizada durante a consulta oracular. Talvez até mesmo ocorra algo diverso, e ela se torne ainda mais instigante e provocadora. Mas não posso deixar de apontar o que me parece ser uma confissão, ou denúncia, do caráter dessas sociedades em que Ifá prosperou.

Uma última observação que quero fazer aqui: ocorre novamente nessa narrativa a distinção muito evidente entre Ifá, representado pela bolsa da sabedoria, e Orunmilá, como aquele que se torna o dono da sabedoria. Mas, como disse em outro lugar deste livro, com a permissão de outros autores e sacerdotes, Ifá é o corpo literário e também o oráculo, enquanto Orunmilá é a divindade que o manipula. Esta história do Odu Ifá Okana Ogbe parece confirmar mais uma vez a tese.

7 (Odu Ifá Otrupon Obara)

Orunmilá sempre andou muito. Sempre andou, de cidade em cidade. Foi o que sempre fez. Andou muito, ajudando a quem precisasse de ajuda. Andou muito, ensinando a quem quisesse aprender. Andou muito, aprendendo com quem soubesse ensinar. Orunmilá sempre andou muito. E assim sempre fez Orunmilá.

Aconteceu que, em uma dessas ocasiões em que Orunmilá tanto andava, sua bolsa de guardados ficou sem comida. A fome, então, passou a fazer companhia. Mas a fome é má companheira. A fome é má conselheira. Ninguém quer ter com ela conhecimento. Ninguém quer ouvir dela a voz. A fome, porém, andou ao lado de Orunmilá.

Orunmilá andou muito. Seguido pela fome. Ela trocava suas pernas. Ela tropeçava seus pés. Ela confundia seus olhos. Mas Orunmilá continuou andando. Andou muito. Até que as estradas virassem ruas, as árvores virassem casas e os bichos virassem homens. Orunmilá chegou em uma cidade.

O destino o levou ao mercado. Todos lá faziam pregão. Vendiam o arroz. Vendiam a noz de cola. Vendiam os inhames novos. Ah, os inhames novos! Orunmilá não pensou. A fome disse Pegue! E Orunmilá pegou. A fome disse Coma! E Orunmilá comeu. A fome disse Adeus! E Orunmilá entendeu. A fome o abandonou. Mas Orunmilá não tinha dinheiro. Orunmilá não tinha argumento. Orunmilá então foi levado preso sem perdão.

Orunmilá estava preso. Que recurso? Orunmilá fez o que sabia fazer. Ele consultou Ifá e marcou ebó. Mas como fazer ebó? Haveria uma maneira? À tarde trouxeram comida. Que ironia: comer novamente. Era um prato, com sopa e osso. Orunmilá tomou a sopa. Orunmilá limpou o osso. Orunmilá raspou o prato. Da parede descascou a cal e improvisou o *iyefá*. Do prato correu o fundo e arranjou o *opon*. Do osso tirou a carne e ajeitou o *irofá*. Orunmilá fez ebó. E quando terminou, Orunmilá jogou o ebó no lixo.

Nesse tempo, Exu era lixeiro daquela mesma cidade onde Orunmilá estava preso. Que conveniente! E quando Exu viu que no lixo por ele recolhido havia um ebó, não teve dúvida: Orunmilá está preso! Orunmilá está preso! E Exu correu para encontrar Orunmilá. Orunmilá! O que você está fazendo aqui, amigo querido?! Exu?! É você?! Vou tirar você daqui! Mas como? Hoje à noite passo com os latões de lixo. Escondo você em um deles. Tiro você daqui! E assim foi feito. Exu escondeu Orunmilá em um latão de lixo e o levou embora.

No dia seguinte, os carcereiros encontraram a cela de Orunmilá vazia. O que poderia ter acontecido? Correram as redondezas. Procuraram nas ruas. Reviraram as praças. Buscaram em cada esquina. Orunmilá já não estava mais ali. Orunmilá já havia andado muito. Como sempre fez. Orunmilá sempre andou muito. E assim sempre fez Orunmilá.

Foi assim que Orunmilá fugiu de seu cárcere com um prato, um osso e o pó da parede.

Comentários

Quando mostrei esta versão que escrevi para alguns babalawos, eles imediatamente perceberam um fato que deixei ausente. Mas eu o ocultei de propósito.

A narrativa que conheço tem início com Orunmilá e Oyá caminhando juntos. Os dois são apresentados como marido e mulher, e parte dela a sugestão do roubo dos inhames. Orunmilá teria sido preso, então, por influência de sua esposa. Inclusive a referência desta narrativa nos tratados latino-americanos que conheço traz em seu título exatamente isso: "Quando Orunmilá foi preso por causa de Oyá" (CASTRO, 2018; ESTEVES, 2019; NELSON, 2002; SINOTI, 2003; TRATADO, 2002). Que me perdoe o leitor, mas não contei a história desse jeito por uma razão fundamental: não me parece fazer sentido incriminar Oyá pela atitude de Orunmilá.

A ação do roubo dos inhames se justifica pela fome, e não pela interferência de sua esposa. E, por favor, que não se faça aqui o julgamento de Orunmilá pelo roubo, se agiu corretamente ou não. Este não é verdadeiramente o tema central. E, claro, não seria correto jogar a responsabilidade da atitude culpada para Oyá. Se fosse essa a leitura, o desdobramento quase óbvio seria incriminar as mulheres, imputando-lhes o problema do desvio ético. Em uma consulta oracular em que este Odu Ifá se apresente, o babalawo poderia concluir com simplicidade tacanha que o par romântico de seu consulente seria necessariamente fonte de problemas. De fato, isso pode acontecer. Não resta dúvida. Só não me parece ser aceitável que este seja o aspecto mais relevante da narrativa, quando outros conselhos mais valorosos seriam "tenha cuidado com sua conduta", "não tome nada de ninguém", "tente falar de suas necessidades com quem possa trazer ajuda", "esteja preparado para fazer o que se propõe", "fique atento às companhias" etc. Mesmo porque, o que poderia ser dito para um homem, seria dito igualmente para uma mulher, sendo aqui desimportantes as questões de gênero. O passo seguinte, então, seria cair nas esparrelas detestáveis do preconceito misogênico. Não quis reproduzir equívocos dessa natureza.

Por esta razão incluí a *fome* como personagem que acompanha Orunmilá e o incita a roubar os inhames. Além de fazer todo o sentido para o caso, a solução também me pareceu elegante, porque não prejudica em absoluto a interpretação da história e evita o erro do preconceito. Além disso, e como já foi visto, o antropomorfismo é frequente nas narrativas de Ifá. De tal maneira que também não ocorre qualquer inapropriação conceitual para o tratamento da narrativa. Até mesmo para os babalawos que se incomodem com esta versão que sugeri, ainda será possível dizer que Orunmilá não andava com boas companhias, ou que não deveria ouvir maus conselhos, sem com isso correrem o risco da misoginia.

Porém, o aspecto mais importante desta história é sem dúvida outro: a capacidade de Orunmilá se adaptar às mais variadas adversidades e conseguir encontrar soluções para elas. Neste relato, Orunmilá, enclausurado e sem recursos, consegue fazer ebó e fugir da prisão com a ajuda sempre presente de Exu. Esta é uma das qualidades mais destacáveis de Orunmilá. Ele tinha um osso, um prato e o pó das paredes da prisão, o que foi suficiente para arranjar o que era preciso para a oferenda. Orunmilá foi inteligente, criativo e subverteu o que era sua maior dificuldade. O babalawo Omoadeifá, a quem agradeço por me sugerir o reconto desta história, chama a atenção exatamente para este aspecto da inteligência de Orunmilá, algo como uma "esperteza", uma "habilidade de adaptação", capaz de descobrir alternativas mesmo em condições muito desfavoráveis. Omoadeifá também lembra outro aspecto importante: Orunmilá, por não desistir, não esmorecer, ensina a ter *esperança* e manter a atenção voltada para superar os problemas que nos afligem.

8 (Odu Ifá Obara Meji)

Orunmilá foi ao mercado. Foi comprar o necessário para o jantar daquela noite. Ele preparava comida grande para Oxalá e seus filhos. Coisa bem difícil de fazer. Tão exigentes todos eles. Tão cismados. Tão caprichosos. E Orunmilá não poderia usar o sal, nem o dendê, nem a pimenta. Mas ele faria um jantar delicioso. Ah sim! Ele faria!

Para a entrada, bolinhos de inhame pilado, enroladinhos um a um, em esferas certinhas de dar gosto, servidos de oito em oito em uma travessa forrada com folhas novas de mamona. Depois o prato principal: peixe – hum, que delícia! – sem pele e sem espinhas, temperado com azeite doce, alecrim e noz-moscada; acompanhado por arroz branco, soltinho como deve ser, cozido no vapor de ervas do campo e manjericão pra decorar. E quando todos tivessem se fartado, as sobremesas. Ah, as sobremesas! A canjica branca, bem macia, cozida em leite, temperada com mel fresco de abelha, cravo e raspa de coco; e também o acaçá de leite, com um tantinho de açúcar pra adoçar, enroladinho na folha da bananeira, servido por sobre uma caminha aconchegante de saião. Para beber, a água da fonte e o vinho branco – mas só um pouco, porque nunca é bom abusar. Orunmilá cobriria a mesa com a toalha do algodão mais puro e decoraria com o lírio e a rosa, o narciso e o jasmim, a florzinha branca da laranjeira e a camomila, que cheira tão bem e quase não se vê. E para depois do rancho, as folhas da malva e da hortelã, que deixam a boca perfumosa. Mas e Oxalá?! Para ele o banquete seria suficiente? Orunmilá já sabia o que fazer.

Orunmilá esperava em sua casa. Esperava com o indispensável para o jantar daquela noite. Ele serviria comida grande para Oxalá e seus filhos. Coisa bem difícil de agradar. Tão meticulosos todos eles. Tão melindrosos. Tão minuciosos.

E Orunmilá não poderia usar o preto, nem o encarnado, nem o anil. Mas ele fez um jantar delicioso. Ah sim! Ele fez!

Os convidados chegaram e viram a mesa posta com iguarias. E viram mais. Viram também as paredes e o chão da sala, que Orunmilá havia mandado caiar de branco. Viram as roupas brancas de seu anfitrião, que Orunmilá havia mandado lavar com perfume de flores. Viram os tapetes arrumados no piso, que Orunmilá havia mandado tecer com fios grossos de algodão. Tudo para o melhor agrado de Oxalá e seus filhos.

Sentaram-se à mesa farta e comeram com felicidade e silêncio. Oxalá chamou o dono da casa e disse baixinho Orunmilá! O que de melhor você pode me servir? Orunmilá que já esperava por isso serviu a Oxalá uma língua, saborosa, cozida com misteriosas especiarias. Oxalá, vendo a gulodice, perguntou Essa é a melhor comida que você pode me servir? Orunmilá disse Sim, Babá! Com a língua se diz todo o bem; com a língua abençoamos; com a língua os reinos são erguidos, os reis são coroados e se tornam prósperos. Com a língua os homens podem ser puros, as mulheres podem ter filhos, e até os rios têm peixes e o céu é claro. Com a língua, Babá, garantimos a paz, salvamos povos e nações, damos esperança e criamos a vida. Oxalá entendeu, concordou e comeu.

Pouco tempo depois, Oxalá chamou novamente seu amigo e disse num sussurro Orunmilá! O que de pior você pode me servir? Orunmilá não esperava por isso. Mas não se fez de rogado. Serviu a Oxalá outra língua, essa terrível, preparada com desconhecidos condimentos. Oxalá, vendo a lambujem, perguntou Essa é a pior comida que você pode me servir? Orunmilá disse Sim, Babá! Com a língua se diz todo o mal; com a língua amaldiçoamos; com a língua os reinos são destruídos, os reis são destronados e se tornam miseráveis. Com a língua os homens podem ser sujos, as mulheres podem ter abortos e até os rios são secos e o céu é escuro. Com a língua, Babá, fazemos a guerra, danamos os povos e as nações, provocamos desespero e geramos a morte. Oxalá entendeu, concordou e comeu.

Oxalá e seus filhos comeram e festejaram na casa de Orunmilá, o orixá mais sábio.

Foi assim que Orunmilá serviu língua em um jantar todo branco para Oxalá.

Comentários

Esta importante história de Orunmilá me foi lembrada pelo babalawo Antônio Wagner, Ifá Korede, a quem sempre agradeço a amizade e o carinho. Muito obrigado.

Orunmilá, novamente testado por Oxalá, deve apresentar a seu convidado ilustre a melhor e a pior comida. E a língua é servida. A língua que, para fazer paródia a um poema que fala sobre o dinheiro, "ergue e destrói coisas belas". Deste mesmo Odu Ifá, Obara Meji, se conhece também o provérbio que diz *a língua é o leão que habita a jaula da boca*. O ensinamento aqui é um tanto evidente: o poder que tem a palavra, tantas vezes ressaltado nos mitos de Ifá. E por esta mesma razão, o cuidado que devemos ter em usar a capacidade de expressar ideias, sentimentos, opiniões, através da fala e da escrita. Bem claro esteja, isto nunca significará uma opção em favor do silêncio; trata-se de inteligência e sabedoria para utilizar o atributo da palavra que comunica, um *cuidado ético*. Em muitos outros Odu Ifá, como exemplarmente em Iwori Oyekun, Oshe Obara ou Odi Oshe, a mesma recomendação se impõe. Em Obara Meji, Orunmilá cozinha a língua, como a dizer que crua ela não é nem saborosa nem detestável. É só uma língua. O que fazemos com ela, que "temperos" usamos para seu cozimento, é que a torna iguaria ou prato detestável. Então é o conhecimento de sua importância e a responsabilidade com o uso da palavra que deve nos manter atentos.

Esta diferença entre *o cru e o cozido* pode ser extrapolada para outras interpretações. O bom uso da palavra remete, sem dúvida, a uma preocupação com a *ética*, à boa conduta que se expressa através do emprego acertado, correto, justo, brando da palavra. O cuidado com aquilo que se diz é revelado como coisa fundamental, na justa medida em que é reconhecido o poder de que são investidas as palavras e os meios para sua expressão. O que nos conduz a outro aspecto igualmente importante: a delicadeza da utilização da palavra também deve observar um *estético*. Se o idioma que manejamos permite expressões tão variadas para tantos sentimentos, tantos pensamentos, deve ser também um compromisso conhecer minimamente as artes de sua aplicação. Falar com cautela convida, então, a ter atentos os sentidos para o que é honrado e belo.

Orunmilá, que recepciona bem seus convidados para um banquete, nos chama igualmente para ter atenção às regras de *civilidade*, ao bom convívio com o outro e à boa educação. Não por acaso, o jantar foi oferecido a Oxalá e seus filhos, sempre tão difíceis de atender; o que só torna ainda mais notáveis os esforços em relação ao cuidado com a cortesia e com a delicadeza de receber bem. Nunca deverá ser bastante lembrar que estamos falando do deus da inteligência, do conhecimento e da sabedoria. Logo, não poderia ser outra a lição.

9 (Odu Ogbe Ofun)

Orunmilá era um sacerdote respeitado. Orunmilá tinha conhecimento. Orunmilá tinha inteligência. Orunmilá tinha sabedoria. Todos diziam seu nome três vezes para pedir Orunmilá, fale comigo! E Orunmilá sempre falava. Orunmilá tinha bom conselho. Orunmilá tinha boa conduta. Orunmilá tinha bom coração. Todos repetiam seu nome três vezes antes de pedir Orunmilá, fale comigo! E Orunmilá sempre falava. Mas por estas mesmas razões, Orunmilá acabou por ganhar a antipatia de algumas pessoas que queriam lhe fazer mal.

Seus inimigos quiseram preparar armadilha feroz. Chamaram Ikú, o Morte. Contaram mentiras sobre Orunmilá. Disseram que Orunmilá não tinha conhecimento, não tinha inteligência, não tinha sabedoria. Disseram que Orunmilá não dava bom conselho, que Orunmilá não tinha boa conduta, que Orunmilá não tinha bom coração. Mentiram seus inimigos. Mentiram três vezes seus inimigos. Disseram a Ikú onde morava Orunmilá. E assim Ikú foi à casa de Orunmilá fazer visita.

Orunmilá era um sacerdote respeitado. Orunmilá tinha conhecimento. Orunmilá tinha inteligência. Orunmilá tinha sabedoria. Todos diziam seu nome três vezes para pedir Orunmilá, fale comigo! E Orunmilá sempre falava. Orunmilá consultou o oráculo de Ifá. Queria saber o que precisava fazer para andar tranquilo e não ser importunado por seus inimigos. Ifá recomendou que Orunmilá fizesse oferenda com galinhas, que temperasse as galinhas e que preparasse um jantar com elas. Ifá disse também que Orunmilá deveria pintar seu rosto e seu corpo com cinzas de carvão. E Orunmilá assim fez.

Ikú chegou à casa de Orunmilá perguntando sobre um homem que morava ali. Um homem que diziam não ter conhecimento, que diziam não ter inteligência, que diziam não ter sabedoria. Orunmilá respondeu Me perdoe. Sou o único que mora nesta casa. Ikú insistiu. Mas me disseram que viveria aqui um homem que não dá bons conselhos, um homem que não tem boa conduta e nem bom coração. Orunmilá respondeu novamente Me perdoe. Sou o único que mora nesta casa.

Orunmilá era um sacerdote respeitado. Orunmilá tinha conhecimento. Orunmilá tinha inteligência. Orunmilá tinha sabedoria. Todos diziam seu nome três vezes para pedir Orunmilá, fale comigo! E Orunmilá sempre falava. Orunmilá convidou Ikú para jantar. Ikú tinha fome. Ikú sempre tem fome. Os dois então comeram juntos as galinhas que Orunmilá havia preparado. E Ikú comeu e se empanzinou. E Ikú bebeu e se fartou. E então Ikú teve sono e dormiu. Dormiu profundamente, como há muito tempo não dormia. Orunmilá, que não havia comido e bebido tanto quanto seu convidado, levantou com delicadeza e tomou as armas de Ikú. As armas que Ikú usava em seu serviço de tirar as vidas dos viventes.

Quando Ikú finalmente despertou, não viu onde estavam suas armas de matar os vivos. Ikú chamou seu anfitrião. E quem se apresentou foi Orunmilá, sem mais os disfarces das cinzas no corpo. Ikú se enfureceu. Mas nada podia fazer. Onde estão minhas armas?! Bem guardadas, respondeu Orunmilá. Devolva minhas armas! Devolverei. Elas são suas. Elas são necessárias. Mas nós devemos fazer um acordo. Que acordo eu faria com você?! disse Ikú. Orunmilá já tinha pronta sua resposta: Eu devolvo suas armas e você se compromete a não visitar nenhum de meus filhos antes do tempo; não antes que possam cumprir seus destinos. Ikú protestou. Ikú gritou. Ikú roncou. Mas Ikú teve de aceitar. Orunmilá devolveu as armas de Ikú. E Ikú nunca mais encontrou os filhos de Orunmilá antes que houvesse chegado sua hora.

Orunmilá é um sacerdote respeitado. Orunmilá tem conhecimento. Orunmilá tem inteligência. Orunmilá tem sabedoria. Todos dizem seu nome três vezes para pedir Orunmilá, fale comigo! E Orunmilá sempre fala. Orunmilá tem bom conselho. Orunmilá tem boa conduta. Orunmilá tem bom coração. Todos repetem seu nome três vezes antes de pedir Orunmilá, fale comigo! E Orunmilá sempre fala.

Foi assim que Orunmilá fez acordo com Ikú para livrar seus filhos da morte prematura.

Comentários

Esta história é extremamente significativa, e possui alguns pontos muito importantes que devem ser ressaltados. Antes de qualquer coisa, esta é uma versão em que a narrativa possui mais meandros, mais detalhes do que a versão geralmente encontrada em tratados latino-americanos a que temos acesso (CASTRO, 2018; ESTEVES, 2019; NELSON, 2002; SINOTI, 2003; TRATADO, 2002). Foi o babalawo Omoadeifá, com quem sempre terei débitos de gratidão, quem me franqueou esta variante. É preciso dizer que em ambas as alternativas o fundamental do mito não é alterado, ou seja, o pacto de Orunmilá com Ikú e seus desdobramentos.

Primeiro a apontar é, claro, o acordo feito entre o orixá da inteligência, do conhecimento e da sabedoria com a própria morte, ou melhor, "o" Morte, visto que Ikú é representado como um personagem masculino entre os iorubás e as tradições diaspóricas a eles afiliadas. Em razão deste pacto, os iniciados em Ifá recebem, em certo momento das cerimônias de que participam, uma pulseira, ou *idéfá* (onde *idé* é traduzido por pulseira, e assim *idefá* ser a pulseira de Ifá), feita de contas com as cores verde e amarela (para a tradição cubana) ou verde e terracota (para a tradição nigeriana). Os sacerdotes costumam lembrar, nesta ocasião, a importância de manterem os *idéfá* sempre presos ao corpo, como uma espécie de amuleto protetor. Isto, é claro, pode ser interpretado como verdadeiro para os iniciados a partir do conhecimento deste mito. Afinal, compreende-se que o pacto de Orunmilá com Ikú é um compromisso místico, de tal forma a não caber dúvidas em relação à defesa que este *idéfá* constitui. Alguns babalawos com quem conversei sobre isso, porém, disseram-me que usar ou não o *idéfá* é menos importante do que a cerimônia de iniciação pela qual passaram, e da qual ele não é senão um símbolo. Isto se justifica, acima de tudo, pelo amparo que constantemente têm os iniciados que seguem suas vidas a partir do aconselhamento de Orunmilá. De tal forma que seria aceitável dizer que seguir as recomendações da inteligência, do conhecimento e da sabedoria, representados por Orunmilá, é mais pertinente para afastar a morte prematura do que usar o *idéfá* como escudo. Em última instância, ser dotado de inteligência e sabedoria concede a chance de ter vida longa. O fato que pude apurar nesses anos de convívio e pesquisa é que nenhum iniciado retira sua pulseira.

A presença de Ikú é muito frequente nas histórias do corpo literário de Ifá. O que não é de se admirar. A morte não é percebida exatamente como o oposto à vida, mas como um *Ajogun*, um inimigo ou adversário vital, como a doença, a perda, a instabilidade, a paralisia, a loucura, entre outros males humanos. Assim Ikú compõe com a vida, faz parte dela e, em última instância, possui um caráter inevitável um tanto óbvio, o que faz supor sua importância e, digamos, assiduidade. É assim que Ikú está presente em outros Odu

Ifá, como em Ojuni Shidi (Ojuani Odi), lembrado pelo babalawo Miguel C. Sinoti Ifábunmi, ou em Irete Meji, como apontou o babalawo Marcelo Reis, Ifábayè (muito obrigado aos dois pelas indicações). Além desses Odu Ifá, ainda podem ser ressaltados outros em que a presença de Ikú é muito significativa, como em Otura Odi, Iwori Oyekun, Osá Ogbe, Otura Okana, Irete Oshe e, claro, Ofun Meji. O que, porém, chama a atenção nesta narrativa que recontei é o pacto.

Orunmilá faz pactos. Não seria possível contar tantas histórias neste pequeno volume. Mas talvez uma boa e polpuda reunião delas, com este mesmo mote, poderia ser listada facilmente. Então, não custa lembrar que uma das habilidades de Orunmilá é estabelecer acordos. E ele faz isso frequentemente. São os casos, por exemplo, da intermediação que Orunmilá realiza junto à Iyá Mi Osorongá, no Odu Ifá Ogbe Ogunda, ou no trato com Omolu, no Odu Ifá Ojuani Odi, ou no ajuste de funções feito com Ossaim, no Odu Ifá Iwori Obara. Esta capacidade de Orunmilá poderia ser interpretada como *diplomática*, resolvendo conflitos, apaziguando os humores ou orientando a conciliação.

Por fim, é difícil não pensar na imensa quantidade de vezes em que Orunmilá precisa resolver algum problema causado por seus muitos inimigos. E a grande variedade desses adversários conta também as múltiplas razões dos conflitos. São histórias em que Orunmilá é invejado, roubado e traído (Ogbe Iwori), caluniado (Iroso Ogbe), esquecido (Otrupon Iroso), desprezado (Obara Ika), perseguido (Iroso Osa), desacreditado (Otrupon Odi), abandonado (Ogbe Irete) – só para ficar com alguns exemplos. Sem contar aquelas outras em que ele é obrigado a provar seu valor, é perseguido, ridicularizado, difamado, ou tentam matá-lo. É desnecessário dizer que Orunmilá sempre supera seus oponentes, usando seus ardis de inteligência ou sua sabedoria.

10 (Odu Ifá Otura Meji)

Ori, a cabeça, andava pelo mundo perdido. Ori, a cabeça, havia andado muito e não sabia mais para onde ir. Ori, a cabeça, foi então à casa dos mortos, aqueles que não devem ser esquecidos. Ori foi pedir ajuda. Ele disse Andei muito, por muito tempo eu andei. Andei tanto e me perdi. Para onde devo ir? Os mortos vieram até à porta de sua casa, feita de trapos e lembranças. E os mortos disseram Não podemos ajudar. Mas aquele que não procura pelo caminho não encontra seu destino. Ori, então, foi embora.

Ori, a cabeça, andava pelo mundo perdido. Ori, a cabeça, havia andado muito e não sabia mais para onde ir. Ori, a cabeça, foi então à casa de Xangô, aquele conhecido como o rei mais bonito. Ori foi pedir ajuda. Ele disse Andei muito, por muito tempo eu andei. Andei tanto e me perdi. Para onde devo ir? Xangô veio até à porta de sua casa, feita de raios e trovões. E Xangô disse Não posso ajudar. Mas aquele que faz uma pergunta e não espera para ouvir a resposta é tão estúpido quanto uma árvore na floresta. Ori, então, foi embora.

Ori, a cabeça, andava pelo mundo perdido. Ori, a cabeça, havia andado muito e não sabia mais para onde ir. Ori, a cabeça, foi então à casa de Ogum, aquele conhecido como o guerreiro invencível. Ori foi pedir ajuda. Ele disse Andei muito, por muito tempo eu andei. Andei tanto e me perdi. Para onde devo ir? Ogum veio até à porta de sua casa, feita de ferro e fogo. E Ogum disse Não posso ajudar. Mas aquele que não pergunta por seu caminho costuma se perder. Ori, então, foi embora.

Ori, a cabeça, andava pelo mundo perdido. Ori, a cabeça, havia andado muito e não sabia mais para onde ir. Ori, a cabeça, foi então à casa de Exu, aquele conhecido como senhor de todos os caminhos. Ori foi pedir ajuda. Ele disse

Andei muito, por muito tempo eu andei. Andei tanto e me perdi. Para onde devo ir? Exu veio até à porta de sua casa, feita de tudo e nada. E Exu disse Não posso ajudar. Mas sei quem pode.

Ori, a cabeça, andava pelo mundo perdido. Ori, a cabeça, havia andado muito e não sabia mais para onde ir. Então, Exu levou Ori, a cabeça, até à casa de Orunmilá, o homem mais sábio. Ori foi pedir ajuda. Orunmilá recebeu Ori em sua casa. Orunmilá sentou-se em sua esteira para consultar Ifá. Orunmilá segurou a corrente encantada de Ifá em suas mãos para ouvir conselhos. Ori, a cabeça, também se sentou para ouvir Ifá. Viu Orunmilá jogar o rosário de sementes sagradas várias vezes em sua frente. Ori, a cabeça, foi pedir ajuda. E mais uma vez ele disse Andei muito, por muito tempo eu andei. Andei tanto e me perdi. Para onde devo ir?

Orunmilá disse Não sei responder. Ori, a cabeça, se espantou Mas como, Orunmilá?! Não é você quem tem respostas?! Orunmilá suspirou e disse Essa resposta não posso ter. Essa resposta, Ori, é você quem deve dar.

Foi assim que Orunmilá ensinou a Ori, a cabeça, uma lição de sabedoria.

Comentários

Eu gostaria de não precisar falar mais nada. E, na verdade, seria mais inteligente mesmo fazer silêncio depois de ouvir esta história. Ela possui uma beleza e um ensinamento tão evidentes, que continuar dizendo alguma coisa depois de escutar sua voz parece ser tolice. Então, desculpe: um ou outro comentário ainda pede licença.

Ori, a cabeça, é o personagem central desta história. É Ori quem faz a jornada para encontrar seu destino, indo de casa em casa, perguntando com agonia para onde deve seguir. Mas, como vimos, Ori não é simplesmente a cabeça física dos humanos; Ori é a divindade que compõe o complexo espiritual que forma os humanos. E enquanto divindade – ou *espiritualidade*, como preferem alguns babalawos com quem conversei sobre o assunto –, Ori é associado ao destino pessoal, o destino de cada um (ABIMBOLA, W., 2011; SALAMI, Y., 2007). O que torna esta história ainda mais interessante: a divindade do destino pessoal não conhecia seu caminho, não conhecia o próprio destino.

Assim começa para nós a narrativa de Ori, a cabeça, que andava perdido, sem encontrar seu caminho neste mundo. A versão que serviu de base para o reconto desta história me foi apresentada muitos anos atrás pelo babalawo Ifayode, em um pequeno texto de Síkírù Sàlámì. Tentei preservar ao máximo todos os detalhes da história e garantir sua beleza poética. Feitas estas colocações, segue o que ainda me parece relevante destacar.

Ori procura respostas para encontrar seu destino indo às casas dos Ancestrais (Egun), de Xangô, de Ogum e de Exu. Nenhum deles tem a resposta que Ori quer ouvir. Mas de cada um é possível retirar uma pequena lição de sabedoria que Ori talvez não tenha percebido. Como se todos estivessem dizendo a mesma coisa de maneira cifrada. Algo que poderia ser comparado à resposta que Orunmilá finalmente dará. Mas note a importância que cada um dos personagens vai adquirindo ao longo da narrativa.

Os ancestrais, na percepção iorubá e de seus descendentes religiosos, são responsáveis pela vigilância da conduta dos vivos. Por haverem experimentado a vida, é esperado que possuam o conhecimento e a sabedoria necessários para fazerem escolhas acertadas, justas, em uma palavra, éticas. Então, os ancestrais são os guardiões da boa conduta, observando os vivos de seu ponto privilegiado para que possam acertar mais que errar. Esta relação dos vivos com os mortos é sempre lembrada nos Odu Ifá (como em Irete Iwori, Ogunda Ogbe, Otura Ogbe, Ogbe Osá, Iwori Ojuani, Ojuani Iroso, Ogbe Iroso, entre outros). Portanto, a pergunta de Ori para os ancestrais poderia ser traduzida como um pedido de ajuda para aqueles que poderiam usar a experiência da qual são dotados para esse exato fim. Os ancestrais, porém, dizem não poder prestar auxílio. E informam: *mas aquele que não procura pelo caminho não encontra seu destino*. Ora, Ori procurava por seu caminho; logo, deveria estar próximo de encontrar seu destino. Mas não seria ali.

Ori vai à casa de Xangô. Este orixá é sempre associado à justiça, com seu martelo de duas lâminas em punho, o Oxê. Mas o patrono da cidade de Oyó é muito mais que isso: ele é o deus da alegria festiva de estar vivo; ele ama a dança, a comida, a bebida, o sexo, a música. Xangô também é representado como guerreiro, apesar de em muitas histórias ser capaz de vencer suas batalhas se valendo mais da habilidade do que da força. Pois Ori procura por Xangô, repete a pergunta sobre seu caminho e ouve novamente uma resposta frustrante. Assim como os ancestrais, Xangô diz não ter resposta para aquela pergunta; e assim como os ancestrais, oferece uma pérola de sabedoria: *mas aquele que faz uma pergunta e não espera para ouvir a resposta é tão estúpido quanto uma árvore na floresta*. Ora, Ori havia feito a pergunta e não ouvia a resposta que estava sendo dada. Posso pensar que Xangô estava a dizer que Ori já tinha sua resposta; que os ancestrais e ele mesmo já haviam dito o que ele precisava ouvir.

Ori segue seu caminho, agora em direção à casa de Ogum. É muito comum associar este orixá à guerra, à ferocidade e violência do conflito armado, à brutalidade e à selvageria do campo de batalha. Isto não é incorreto. Mas Ogum é muito mais. Ogum é ferreiro, personagem que dobra os metais com a sutileza dos artesãos. Ogum muitas vezes vai à guerra contrariado, não mata quando tem ordens para isso, e quando mata, arrepende-se do mal feito. De Ogum devemos ter medo, e isso também é verdade. Mas Ogum é procurado por Ori e sua resposta não é bruta. Ao contrário, é uma delicada lição de sabedoria: *aquele que não pergunta por seu caminho costuma se perder*. Ogum também é lembrado como *Asiwaju*, aquele que sege à frente, abrindo caminhos. Talvez devesse conhecer que caminho Ori poderia tomar. Mas não. Ogum fala o mesmo que antes disseram os ancestrais e Xangô, acrescentando a importância de uma reflexão cuidadosa sobre o próprio destino.

Ori chega, então, à casa de Exu, guardião das encruzilhadas, conhecedor de todos os caminhos. Exu é o orixá do movimento, da condição dinâmica da vida e do universo. Tudo o que existe, existe porque tem Exu em seu interior guardado. Mesmo aquilo que parece se manter estático, agita-se e flui, silencioso, furtivo e invisível aos olhos. Para fazer paródia ao sábio italiano Galileu, forçado a dizer que a Terra é imóvel: *e, no entanto, se move*. Pois Ori procura Exu para saber qual o caminho deve seguir. E o *dono do mundo* diz que não sabe. Mas observe a resposta de Exu: não sei, mas conheço quem pode saber. Exu então conhece, sim, o caminho que trará a resposta para Ori. Então, finalmente vão até à casa de Orunmilá.

Ori quer conhecer a resposta para sua pergunta diante daquele que se supõe ter todas as respostas. E Orunmilá também diz que não sabe. Diante do espanto de seu interlocutor, o deus da inteligência, do conhecimento e da sabedoria diz que não sabe, por saber que quem deve saber é quem diz que não sabe, ou seja, ele próprio, Ori. Orunmilá aparece mais de uma vez nos mitos do corpo literário de Ifá reconhecendo a primazia que tem Ori. Em Ejiogbe, por exemplo, Ori é coroado e todos os orixás aprendem a encostar suas testas no chão diante dele para prestar homenagem; em Ogunda Meji, Ori é apontado por Orunmilá como o único que poderá acompanhar os humanos até o fim de suas jornadas no mundo; ou ainda, como vimos em Ogbe Ogunda, quando Afuwunpé, filho de Orunmilá, escolhe o melhor Ori da casa de Ajalá. Agora Orunmilá diz a Ori que a razão de sua dúvida é procurar respostas além de si mesmo. Coisa, aliás, que poderia ser entrevisto nas respostas dadas pelos ancestrais, por Xangô e Ogum. Exu, por sua vez, leva Ori à casa de Orunmilá para obter a resposta desejada. Exu conduz Ori à morada da sabedoria, é disso que se trata. E a sabedoria de Orunmilá, nesta narrativa pelo menos, foi dizer de forma clara o que era preciso saber: Ori, a divindade do destino pessoal, é quem deve conhecer seu próprio caminho.

Esta história não tem Orunmilá como personagem principal. Mas o papel que ele exerce é importante demais para não figurar nesta pequena coletânea. Orunmilá se apresenta aqui como o orixá responsável pela revelação do destino, que convoca Ori, a divindade do destino pessoal – perdoem a redundância –, a manifestar o destino que só ele, afinal, pode conhecer. Isto particularmente é importante para lembrar as cerimônias de revelação de Odu Ifá pessoal, presididas por Orunmilá, em que seu título de *orixá do destino* pode ser confirmado; ou ainda melhor, *eleripin*, aquele que testemunha o destino (SALAMI, Y., 2007).

***

Espero ter contribuído um pouco para desenvolver pensamento em torno destas histórias de Orunmilá que trouxe aqui. Note, leitor, quanto se poderá retirar destas narrativas. Não só a sabedoria que procuramos para orientação e apoio, mas o que também nos serve como matéria para o raciocínio e a crítica. E como havia dito antes, o que sempre terá maior importância é o efeito que elas causam, através da consulta oracular, em nossas experiências humanas, e o papel que podem exercer para o aprimoramento pessoal.

SAUDAÇÕES A ORUNMILÁ

A saudação usada para Orunmilá é **Aború boyè!** Não é exatamente uma expressão que se possa traduzir com facilidade. Na verdade, talvez nem caiba mesmo uma tradução precisa. De qualquer maneira, *Aború boyè* pode ser aproximado de algo como "que seus sacrifícios sejam aceitos e abençoados" (ABIMBOLA, K., 2005). Mesmo assim, não cabe perfeitamente para seu entendimento. Os babalawos para quem levei a questão me informaram que *Aború boyè* seria uma forma reduzida dos nomes de três personagens que aparecem frequentemente nas narrativas do corpo literário de Ifá, ora como filhos (Odu Ifá Odi Meji; Odu Ifá Ogunda Meji), ora como esposas de Orunmilá (novamente Odu Ifá Ogunda Meji): *Iboru*, *Iboya* e *Ibosisé*. Como, porém, deixaram de ser somente protagonistas das histórias e se tornaram uma sentença, um cumprimento, bem... essa é mais uma pergunta para a qual fiquei sem resposta.

Além disso, sobre esta forma – *Aború boyè* – não há consenso. Também podem ser ouvidas pequenas ou grandes variantes desta saudação, como *Ború boya*, *Boru boya Iboshishé*, *Iború boya*, *Alaiboru Alaiboya Alaiboshishé*, *Aború Aboyè Abosisé*, ou simplesmente *Ború!* É bem verdade que estas trocas são melhor admitidas nos cumprimentos entre os pares da religião, ou seja, entre sacerdotes, iniciados e frequentadores. De tal forma que acabam por ganhar significados curiosamente diferentes, podendo expressar uma aprovação ou anuência, como quem diz "sim!", "muito bem!", "concordo!"; ou poderá ter o sentido de um cumprimento trivial, como "bom dia!", "boa tarde!", "boa noite!", ou ainda "oi!" e "tchau!". Em circunstâncias cerimoniais, porém, são geralmente utilizadas as saudações mais extensas, como *Iboru Iboya Iboshishé*, *Alaiboru Alaiboya Alaiboshishé* ou *Aború Aboyè Abosisé*.

É preciso ser dito que nenhuma prevalece sobre outra: todas possuem validade e são extensamente utilizadas. O babalawo Omoadeifá explicou-me tempos atrás que essas dessemelhanças são fruto de diferentes grupos de sacerdotes, tanto nas Américas quanto no ambiente africano. Inclusive que o pronunciamento da saudação é acompanhado de um gestual específico, variando de um beijo na parte externa das mãos, ou o toque da mão direita na testa seguido de um pequeno beijo nos dedos da mesma mão; o simples aperto de mãos e abraços, ou o tradicional movimento de encostar a testa no chão em frente da personalidade sacerdotal de maior importância e respeito, que no Brasil é conhecido como "bater cabeça". Como disse, essas são saudações entre os pares.

Mas as saudações dirigidas a Orunmilá podem acompanhar essa mesma dinâmica. No entanto, para além de um cumprimento, a mesura que se pode fazer a qualquer orixá é mais que uma pequena sentença, como estas que mencionei. As divindades podem ser reverenciadas igualmente através de *orin* (cantigas), *ibá* (saudações), *adurá* (rezas) e *oriki* (evocações) (SALAMI, S., 1999). Em todos estes casos, os nomes, títulos e encomiásticos são recitados, como forma de louvor. Pierre Verger (2000) coletou mais de 1500 homenagens como estas para os diversos orixás, em seu importante livro

Notas sobre o culto aos orixás e voduns. Graças a ele, sabemos que Exu é engrandecido com *o so òkò (ota) lona o pá eiye loni*, "tendo lançado uma pedra ontem, ele mata o pássaro hoje"; ou *o loso fieni kan okele*, que Exu, "mesmo agachado sua cabeça alcança o teto da casa". Podemos temer Ogum porque ele *O pon omi si ile fi eje we*, "tendo água em casa ele se lava com sangue". Aprendemos a amar Oxum quando dizemos *Ohún wá mi li enu / Oro yeye wa mi li enu wara / Ese ti o ki Oxum mo ki Oxum / Ese ti o ki idé mo ki idé / Ese ti o ki om imo ki omi*, "Que minha voz venha em minha boca / Que as palavras para saudar minha mãe / Venham depressa em minha boca / Porque ela saúda Oxum, eu saúdo Oxum / Porque ela saúda o cobre, eu saúdo o cobre / Porque ela saúda a água, eu saúdo a água". Respeitamos Oxalá porque é dele a "cabeça coroada com as contas de segui", *Ori ade mani segi*, porque "somente ele se lava com a água da cabaça", *A se o nikan ti nfi omi ado we*. Então, estas saudações estão além da atitude respeitosa de cumprimentar: elas **trazem mais conhecimento** sobre as divindades. Sabemos, através desses *orikis*, que Exu é capaz de feitos extraordinários, que de Ogum devemos guardar medo e respeito, que Oxum é mãe amorosa e que Oxalá sempre deve ser reverenciado. Com Orunmilá não será diferente.

Trouxe alguns poucos *orikis* e *orins* para dar exemplo do poder que têm essas saudações. Elas confirmam algumas das coisas que já disse sobre Orunmilá, em particular os traços de inteligência, conhecimento e sabedoria. Além disso, ficam destacadas suas qualidades de orixá brando, paciente e honrado, responsável pelo cuidado com os assuntos humanos, como saúde, longevidade, bons filhos, riqueza e felicidade.

1. Oriki Orunmilá

(Narrado pelo babalawo Falowo Fatunmbi)

Olodumare, mo ji loni.
Mo wo'gun merin aye.
Igun'kini, igun'keji, igun'keta, igun'kerin Olojo oni.
Gbogbo ire gbaa tioba wa nile aye.
Wa fun mi ni temi.
T'aya - t'omo t'egbe - t - ogba, wa fi yiye wa.
Ki of f'ona han wa.
Wa fi eni - eleni se temi.
Alaye o alaye o.
Afuyegegege meseegbe.
Alujonu eniyan ti nf'owo ko le.
A ni kosi igi meji ninu igbo bi obi.
Eyiti o ba ya'ko a ya abidun - dun - dun -dun.
Alaye o, alaye o.
Ifá wa gbo temi.
Esu wa gbo temi.
Jeki eni ye mi.
Jeki eni ye mi.
Jeki eni ye mi.
Ki ola san mi.
T'aya t'omo t'ibi t'ire lo nrin papo ni'ile aye.
Wa jeki aye mi. Kioye mi.

Tradução aproximada

Olodumare, eu saúdo o novo dia. Eu saúdo as quatro direções que criaram o mundo. O primeiro abutre, o segundo abutre, o terceiro abutre, o quarto abutre, são eles os donos do dia. Foram eles que trouxeram todas as coisas boas, aquelas que nos sustentam sobre a terra. Eles me trazem todas as coisas que sustentam meu espírito. Em sua companhia não há fracasso. Nós bendizemos o caminho que vocês criaram. Nada pode deter o poder do espírito. Nós bendizemos a luz do mundo. Nos traga a comida da floresta. Nos traga as coisas doces da vida. Nós bendizemos a luz do mundo. Ifá, nos traga o espírito. Exu, nos traga o espírito. Nós damos graças por suas bênçãos. Nós damos graças às bênçãos da familia, das crianças, da criação e da destruição que ocorre em cada canto do mundo. Essas são nossas bênçãos.

2. Oriki Orunmilá
(Narrado pelo babalawo Falowo Fatunmbi)

Orunmilá elérìn-ìpin
Aje ju gún
Ibi keji Olodumare Akoko Olokun ajao ikoto
Ara Ado, ara Ewi, ara oke Itase, ara ojumo,
Iibiti ojo ti nmo, waiye ara oke l'geti okeje oje.
Erin fon olagilagi okunrin,
Ti nmu ara ogidan le,
Alakete pennepe
Pari ipin
Oloto kan to ku l'aiye
Oba iku ja gba omo re sile
Odudu ti ndu emere
Ma ba fo otun ori ti, ko sun won se.

Tradução aproximada

Orunmilá, testemunho do destino, aquele que nos dá a medicina poderosa, que está ao lado de Olodumare e próximo de Olokun. Saúdo aquele que nasceu na terra de Ado, que nasceu da terra Ewi, que nasceu da montanha de Itase, que nasceu onde nasce o sol, o lugar onde chega a luz do sol, o lugar onde o nativo do céu vem ao mundo. O homem forte é como um elefante. O homem deve fortalecer seu corpo com sabedoria. O homem honrado pode morrer a qualquer momento no mundo. O senhor da morte resgatou seu filho, a mariposa estava queimando, ele não lavou a cabeça do lado direito e não a queimou.

3. Oriki Orunmilá
(Narrado pelo babalawo Falowo Fatunmbi)

Orunmilá, ajomisanra
Agbonniregun
Ibi keji Olodumare
Elerin-ipin
Omo ope kan ti nsoro dogi dogi
Ara Ado, ara Ewi, ara Igbajo, ara Iresi, ara Ikole, ara Igeti, ara oke
  Itase, ara Iwonran ibi oju mo ti nmo waiye
Akoko Olokun
Oro ajo epo ma pon
Olago lagi okunrin ti nmu ara ogidan le
O ba iku jag ba omo e sile
Odudu ti ndu ori emere
O tun ori ti ko sunwon se
Orunmilá ajiki
Orunmilá ajike
Orunmilá aji fi oro rere lo.

Tradução aproximada

Orunmilá, orvalho eterno, coco que tem vida longa, aquele que está ao lado de Olodumare, testemunho do destino, filho da árvore de palma que nos dá força, nascido da terra Ado, nascido da terra de Ewi, nascido da terra Igbajo, nascido da terra Iresi, nascido da terra Ikole, nascido de Igeti, nascido da colina de Itase, nascido daquilo que se vê no universo, aquele que está próximo de Olokun. O homem que fortalece seu corpo, luta contra a morte e salva seu filho. O preto é a cor da vida, o que também faz sentido para uma cabeça desequilibrada. Orunmilá digno das súplicas da manhã, Orunmilá digno das bênçãos da manhã, Orunmilá digno das orações para as coisas boas da vida.

4. Oriki Orunmilá
(Narrado pelo babalawo Falowo Fatunmbi)

Orunmilá, Bara Agboniregun
Adese omilese a - mo - ku
Ikuforiji Olijeni Oba - Olofa
Asunlola nini - omo
Oloni Olubesan
Erintunde Edu Ab'ikujigbo alajogun igbo
Oba igede para petu opitan elufe
Amoranmowe da ara re Orunmilá.
Iwo li o ko oyinbo l'ona odudupasa.
A ki igb'ogun l'ajule Orun da ara Orunmilá.
A ki if'agba Merindinlogun sile k'a sina.
Ma ja, ma ro Elerin Ipin Ibikeji Olodumare.
F'onahan 'ni Orunmilá.

Tradução aproximada

Orunmilá, o coco que tem vida longa, aquele que tem a palavra, aquele que tem a força, nós o chamamos por seus nomes de poder. Venha mais uma vez para nos defender contra as forças da morte e da destruição, o poder de transformação está com Orunmilá, não há nenhum estranho no caminho do mistério. Nós saudamos a medicina da floresta que vem do reino do invisível e dos imortais através de Orunmilá. Nós saudamos os 16 princípios de Olodumare. Eu chamo Orunmilá, o testemunho da criação, aquele que está ao lado de Olodumare. O caminho de minha salvação está com Orunmilá.

5. Oriki Orunmilá
(Narrado pelo babalawo Falowo Fatunmbi)

Alápànkoko, awo mà ju awo lo.
Awo lé gbáwo mi toritori.
Odíderé fò ó gori irókò,
O fi ohùn jo agogo,
Ló se Ifá fún Ifákóredé.
Arèmo Olodumare, omo até - eni tán kó tó fi ori se agbeji ara,
O ni e bá mi so fún Alára; e pé mo rire.
O ni e bá mi so fún Ajerò e pé mo rire.
O ni e bá mi so fún Owáràn - gún àga; epé mo rire.
Ire to sonu, ire de.
Ire to sonu, ire de.
Ire to sonu, ire de.
Bi iré bá wole, e jé ki a na suúru si.
Bi inú bá le lále jù, ire ó wogbo.
Agbo yaya! Àárin omom ni ma sùn.
Mo gbó pòrò làléde; omo weere wá bá mi hesàn.
Ológbò - ji - gòlò awo! Awo! Lile awo.
Olómi àjípon yaya ni Igódó.
Awo ló se oká, awo ló se erè, awo ló se ekùn.
Awo náà reé.

Tradução aproximada

Alápànkoko, uma divindade mais poderosa que outra. Uma divindade que pode tragar outra completamente. Odíderé voa acima da árvore de iroko, e sua voz está com um som de metal, adivinhado para Ifakorede, o primeiro filho de Olodumare, aquele que protege seu corpo com sua cabeça grande. Ele disse: por favor, diga a Alara que eu tenho boa sorte. Diga a Ajero que eu tenho boa sorte. Diga a Owaran, da cadeira real, que eu tenho boa sorte. A boa sorte perdida está de volta. A boa sorte perdida está de volta. A boa sorte perdida está de volta. Se a boa sorte entra em casa, permita que eu esteja tranquilo para recebê-la. Se você chegar a fazer algo incomum, será preciso paciência para repensar sua posição. Se o coração for forte o suficiente, a boa vontade prevalecerá. Tenhamos júbilo! Eu morrerei em meio a uma multidão de crianças. Ouvi as frutas caindo das estrelas, e as crianças vêm colher os frutos para mim. Gato, seu segredo é feito de ouro! O dono de Igodo que faz as pessoas trazerem as águas bem cedo. O segredo que tem a cobra, o segredo que têm os grãos, o segredo que tem o leopardo. Aqui está o segredo.

6. Orin Ifá
(Narrado pelo babalawo Lawal Rufai a Sikiru Salami)

Ifá lo nile
Ki e rora se
Orunmilá lo nile de oyinbo
Ifá lo ni ile
Ki e rora se.

Tradução

Ifá é o sábio dono da terra e da vida. Portanto, é bom ir devagar. Orunmilá é o sábio dono da terra e da vida em qualquer lugar. Ifá é o sábio dono da terra e da vida. Portanto, é bom ir devagar.

7. Oriki Adimu Orunmilá
(Pronunciado para fazer oferenda a Orunmilá; narrado pelo babalawo Falowo Fatunmbi)

Ifá mo pé.
Èlà mo pé.
Ifá sowo dèèrè gbobi re o, sowódèèrè.
Iyé, iyé okò, iyé l'Orunmilá nje.
Eku méjì oluwéré, eja méjì òlùgbàlà l óbé.
Iyé l'Orunmilá nje.
Ifá fun wa l ómo si.
Jé ki a tún lè wá sìn ó bàyìí l' odun miran.
Jé ki a lówó, ki a bimo o.
Ki ile wa yìí ki a tún ko dáadáa.

Tradução aproximada

Ifá, eu te saúdo. Èlà, eu te saúdo. Ifá, estenda suas mãos para aceitar minhas oferendas de obi. Ifá como o pó dos cupins. Dois ratos, dois peixes em sua sopa. Ifá como o poder dos cupins. Ifá, nos dê mais crianças. Proteja-nos para que possamos retornar aqui no próximo ano para homenageá-lo. Ifá, permita que prosperemos e que tenhamos mais filhos. Permita que reconstruamos nossas casas de uma maneira mais bonita.

8. Orin Ifá
(Narrado pelo babalawo Lawal Rufai a Sikiru Salami)

Tinrin jingindin
Tinrin jingin
A difa fun Orunmilá, ara
Ifé nsunkun a lai nire
Mo ti mu ide bori mi
Tinrin jingin ire mi jaja de
Mo ti mu ikun (eran ikiti) bo Ifá mi
Tinrin jingin
Ile mi jaja kun
Tinrin jingin
Mo ti mu emo bo Ifá mi
Tinrin jingin
Ara mi jaja mo
Ki ara mi mo ki nma ri ire
Eja mo ti mu ejá bo Ifá mi
Tinrin jingin
Ara mi jaja da
Ki alafia maa je fun mi
Mo ti mu agbon boti mi
Tinrin jingin
Ori mi jaja gbo
Tinrin jingin
Ki npe laye
Ki nma seku
Ki omo ma ku mo mi lori.

Tradução

A vida repleta de felicidades. A vida repleta de felicidades. Foi feito um jogo divinatório para Orunmilá. Quando o povo de Ifé lamentava sua falta de sorte. Usei *ide* para alimentar meu ori. A vida repleta de felicidade. A minha sorte logo chegou. Usei *ikun* para alimentar meu Ifá. A vida repleta de felicidade. O meu lar ficou repleto de tudo o que existe de bom. A vida repleta de felicidade. Usei *emo* para alimentar meu Ifá. A vida repleta de felicidade. Deixe-me fisicamente forte e livre de problemas. Que eu fique livre de problemas de justiça. Usei *eda* para alimentar meu Ifá. A vida repleta de felicidade. Meu corpo ficou forte. Que eu tenha sempre saúde. Usei coco para alimentar meu ori. A vida repleta de felicidade. Com isso adquiri vitalidade e longevidade. A vida repleta de felicidade. Que eu viva bem e por muitos anos. Que eu não tenha morte prematura. E que meus filhos tenham longevidade.

9. Oriki Ifá
(Narrado pelo babalawo Lawal Rufai a Sikiru Salami)

Orunmilá mo yibo ru
Orunmilá mo yibo ye
Orunmilá mo yibo o se
Aje eru wa ri
Aje eru wa ri
Aje eru wa ri
Akiboru, akiboye, akibose
Esu egba ki o kuro lori awo
Ki Esu ma ti mi lo ba eniyan
Ki o ma ti enia w aba mi
Ifá o jire loni ni merenselu Ado
Ifá o jire loni ni mese ilare
Ifá o jire ni mokun atanleri
Bade joko, omo erin to
Nfu ipe loke aro, ewu o lo ni e
Omo asan odun soro
Iwo ni omo Egungun onife
Ti nsan mariwo apako
Ifá o jire ni merense Ado
Alake ki njire jube lo
Ifá o jire o
Oloko ki njire jube lo o
Ifá o jire
Elebini ki njire jube lo o
Ifá o jire
Onijebu ki njere jube lo
Ifá o jire
Ki a ma so awo di ogberi
Eyibo ru
ki a ma so awo di ogberi

Ojo nba ku ojo yen iba ye o
Eyibo ru ki e ma
So awo di ogberi
Mo fi owo lu apari (ori)
Mo fe Exu danu o, eyibo ru
Ki a ma so awo di ogberi
Ifá o jire o, Ifá o jire o, Ifá o jire o
Orunmilá o jire o
Orunmilá o jire o
Orunmilá o jire o
Ela sode o jire o
Ela sode o jire o
Ela sode o jire o
Oba ti nfi oba je
O jire o
Ifá mo pe e
Ela mo pe e
Olugbo, olugbo, olugbo
Ajagbo gidigbogidi
Kekere ntife wa
Ela role wa gbohun omo re
Ere tete ni ti eku ageje
Eku ekasa ki ngbohun omo
Re ko duro
Ewe ina ki nse tire k ojo eni
Orunmilá mo ki e kabo
Orunmilá bi o ba nbe nipa awusi
Ki o wa je mi
Bi o ba nbe nipa awuse
Ki o wa je mi.

Tradução

Orunmilá, venero-te. Orunmilá, venero-te para sobreviver. Orunmilá, venero-te para alcançar objetivos. Você que ensina a reconhecer o caminho da sorte. Saudamos Orunmilá para que tudo o que fizermos seja bem sucedido. Saudamos Orunmilá para que possamos sobreviver. Saudamos Orunmilá para termos axé. Exu, receba sua oferenda e nos abra caminho. Exu, proteja-me para eu não perder a paciência. Exu me proteja para que as pessoas não percam a paciência comigo. Ifá, bom dia a você na cidade de Ado. Ifá, bom dia a você na cidade de Ilare. Ifá, bom dia a você aí onde está, no local onde se escolhe o destino. Você que vive coroado, forte e firme como um elefante. Você que é sábio, calmo e gentil. Que vive da magia. Oh, Ifá, bom dia para você! Oh, Ifá, bom dia para você! Oh, Ifá, bom dia para você! Oh, Orunmilá, bom dia para você! Oh, Orunmilá, bom dia para você! Oh, Orunmilá, bom dia para você! Oh, Èlà, que realiza casamentos, bom dia para você! Oh, Èlà, que realiza casamentos, bom dia para você! Oh, Èlà, que realiza casamentos, bom dia para você! Você, rei que coroa outros reis, bom dia para você! Ifá, eu te chamo para ouvir os meus problemas. Ifá, eu te chamo para ouvir os meus problemas. Ifá, você é Olugbo, aquele que ouve os problemas dos outros e orienta. Você, que com sabedoria e toda a dedicação ouve os problemas dos outros. Você que veio da cidade de Ifé. Ifá, venha para a terra ouvir o que seu filhote tem a dizer. Eku ageje ao andar corre. Quando eku ekasa ouve o choro do filhote não consegue ficar parado. O poder do fogo é sempre o de queimar por inteiro. Você, venerável cidadão de Ifé. Que se veste de mariwo. Bom dia para você, no palácio de Ado. O rei Alake ao acordar não acorda melhor que você. Ifá, bom dia a você! O morador da floresta ao acordar não acorda melhor que você. Ifá, bom dia a você! O rei de Ijebu ao acordar não acorda melhor que você. Ifá, bom dia a você! Pedimos que o awo não se torne ogberi.

O dia da minha morte. Certamente Ifá o adiará. Saúdem Ifá. Faça com que o awo não se torne ogberi. Passei a mão na minha cabeça para espantar o azar. Saúdem Ifá. Faça com que o awo não se torne ogberi. Orunmilá, seja bem-vindo! Orunmilá, se você estiver onde nasce o sol, venha me ouvir. Orunmilá, se você estiver onde o sol se põe, venha me ouvir.

10. Orin Ifá
(Entoado para pedir proteção; narrado pelo babalawo Fabunmi Sowunmi para Sikiru Salami)

Ifá di mi mu
Ki o ma yun mi un o
Iwere ara igi ki nwan un
Ope di mi mu
Ki o ma yun mi mu
Iwere ara igi ki nwan un.

Tradução

Ifá me ampare. Peço que não me abandone, porque a raiz de uma árvore viva não a abandona. Ope me ampare. Peço que não me abandone, porque a raiz de uma árvore viva não a abandona.

PREVENDO O FUTURO

Não tenho mais nada a acrescentar. Pelo menos não por ora. Mesmo sabendo do tanto que ainda precisa ser investigado sobre Orunmilá e seus mistérios. Apesar disso, resta dizer uma ou outra coisa.

Contrariando o que se poderia esperar de um texto com este título, o futuro não se prevê. Já havia falado disso. Ou pelo menos não deveria ser esta a condução de nosso pensamento. Então, o tempo que supomos estar diante de nós existe sim, como desejo, esperança e possibilidade. Por esta razão acredito que possamos viver uma época melhor do que esta em que estamos metidos agora; uma estação em que a estupidez, a violência e a intolerância estejam banidas para lugar distante e a inteligência, o conhecimento e a sabedoria possam ser recebidos em nossas casas como amigos queridos, celebrados com alegria e festa, porque é bom estar em sua companhia.

Desejo também que este pequeno estudo consiga contribuir para estimular a curiosidade e o interesse sobre os assuntos que ele tangencia. Que a partir do que foi sugerido aqui muito mais possa ser pensado, discutido, estudado, descoberto, escrito e, quem sabe, vivenciado.

Por fim, quero terminar contando uma última história, que por capricho não revelo em que Odu Ifá se encontra. Que me perdoe o leitor que chegou pacientemente até aqui, mas entenda como uma provocação. É uma história sobre histórias e o poder que elas têm. Tentei reproduzir a forma gentil de seus versos, a sonoridade de suas palavras e a sabedoria que está ali, pronta para nos fazer ensinamento.

> Orunmilá saiu de sua casa bem cedo.
> Foi caminhar.
> Encontrou um homem e uma mulher.
> O homem estava triste e a mulher também.
> Orunmilá perguntou: "O que houve?"
> O homem disse: "Não sei o que fazer de minha vida."
> A mulher respondeu: "Não sei se minha vida tem valor."
> Orunmilá voltou para sua casa com o homem triste e a mulher também.
> Orunmilá avisou aos deuses que precisava de ajuda. Orunmilá avisou aos mortos que precisava de ajuda. Orunmilá disse que precisava ajudar.
> Orunmilá tomou seus instrumentos de arte.
> Lançou o rosário de Ifá muitas vezes no chão forrado de esteiras.
> E as histórias começaram a sair de sua boca.
> "As histórias curam", disse Orunmilá.
> "As histórias que conto agora, curam.
> As histórias que vocês contam amanhã, curam.
> As histórias que nós contamos ontem, curam."
> O homem triste e a mulher também saíram da casa de Orunmilá contando suas histórias.
> Vieram ouvir outros homens.
> Vieram ouvir outras mulheres.
> E os velhos e as crianças.
> E os ricos e os pobres.

E todos ganharam sabedoria.

O homem que foi triste e a mulher também não tiveram mais a companhia da tristeza.

Quando contavam histórias.

As histórias que Orunmilá contou.

As histórias que cada um conta.

As histórias que todos contamos.

Vinham sentar para ouvir outros homens.

Vinham sentar para ouvir outras mulheres.

E vinham também sentar para ouvir todas as coisas boas do mundo.

Vinham fazer companhia.

Vinham sentar para ouvir as histórias a Saúde e a Paciência.

Vinham sentar para ouvir as histórias a Fortuna e o Sucesso.

Vinham sentar para ouvir as histórias a Inteligência e a Sabedoria.

Vinham sentar para ouvir as histórias o Amor e a Amizade.

Vinham sentar para ouvir as histórias e se alegrar com elas.

O homem e a mulher conheceram seu destino.

O homem e a mulher descobriram seu propósito.

O homem e a mulher agradeceram a Orunmilá, por todo o tempo de suas vidas, cantando e dançando em sua homenagem.

Orunmilá, conte mais histórias!

Orunmilá, conte mais histórias!

Orunmilá, conte mais histórias!

BIBLIOGRAFIA

ABÍMBỌ́LÁ, Kọ́lá. *Yorùbá culture*: a philosophical account. Birmingham: Iroko Academic Publishers, 2005.

ABIMBOLA, Wande. *A concepção iorubá da personalidade humana*. Tradução, notas e comentários: Luiz L. Marins. [S. l.: S. n.], 2011. Disponível em: <https://luizlmarins.wordpress.com/>. Acesso em: 12 jul. 2021. (versão produzida para uso didático de trabalho apresentado em: Colloque international: La notion de personne en Afrique noire, Centre National de la Recherche Scientifique, Paris, 1971)

ABIMBOLA, Wande. *Ifá*: an exposition of Ifá literary corpus. New York: Athelia Henrietta, 1997.

ABIMBOLA, Wande. Ìwàpèlè: the concept of good character in Ifá's literary body. In: ABIMBOLA, Wande. *Yorùbá oral tradition*. Ile Ife: Department of African Languages and Literatures, University of Ife, 1975.

ABIMBOLA, Wande. The bag of wisdom: Òsun and the origins of Ifa divination In: MURPHY, Joseph M.; SANFORD, Mei-Mei (ed.). *Òsun across the waters*: a yoruba goddess in Africa and the Americas. Bloomington: Indiana University Press, 2001. p. 141-154.

ADESOJI, Ademola. *Ifá*: a testemunha do destino e o antigo oráculo da terra do yorubá. Rio de Janeiro: Cátedra, 1991.

ADÉWÁLÉ-SOMADHI, Fama Àìná (Chief Fama). *Fama's èdè awo*: òrisà yorùbá dictionary. San Bernardino: Ilé Òrúnmilà Communications, 2001.

ADEWUYI, Olayinka Babatunde Ogunshina. *Ifá*: the book of wisdom. [S. l.:] River Water, 2018.

AKONI, El. *La voz de Orunla*: el cordón del orilé. New York: Studium, 1975.

ALAGOA, E. J. Do delta do Niger aos Camarões: os fon e os ioruba. In: OGOT, Bethwell Allan (ed.). *História geral da África V*: África do século XVI ao XVIII. Brasília: Unesco, 2010. p. 519-540.

ASIWAJU, A. I. Daomé, país iorubá, Borgu (Borgou) e Benim no século XIX. In. AJAYI, J. F. Ade (ed.). *História geral da África VI*: África do século XIX à década de 1880. Brasília: UNESCO, 2010. p. 813-842.

ATHAYDE, Rogério. *Onipresença*. 2018. Disponível em: <http://www.rogerioathayde.com.br>.

AWOLALU, J. Omosade. *Yoruba beliefs and sacrificial rites*. New York: Athelia Henrietta, 2001.

AYOH'OMIDIRE, Félix. *Yorubanidade mundializada*: o reinado da oralitura em textos yorubá-nigerianos e afro-baianos contemporâneos. Tese (Doutorado em Letras), Instituto de Letras, Universidade Federal da Bahia, Salvador, 2005.

AYOH'OMIDIRE, Félix; AMOS, Alcione M. O babalaô fala: a autobiografia de Martiniano Eliseu do Bomfim. *Afro-Ásia*, Salvador, n. 46, p. 229-261, 2012.

BARTH, Fredrik. *Cosmologies in the making*: a generative approach to cultural variation in inner New Guinea. Cambridge: Cambridge University Press, 1989.

BARTH, Fredrik. *O guru, o iniciador e outras variações antropológicas*. Organização: Tomke Lask. Tradução: John Cunha Comerford. Rio de Janeiro: Contracapa, 2000.

BASCOM, William. *Ifa divination*: communication between gods and men in West Africa. Bloomington-US: Indiana University Press, 1969.

BASCOM, William. *The yoruba of southwestern Nigeria*. Illinois: Waveland Press, 1984.

BASTIDE, Roger. *O candomblé da Bahia*: rito nagô. Tradução: Maria Isaura Pereira de Queiroz. 2. ed. São Paulo: Nacional, 1961.

BENISTE, José. *Dicionário yorubá-português*. 2. ed. Rio de Janeiro: Bertrand Brasil, 2014.

BENISTE, José. *História dos candomblés do Rio de Janeiro*. Rio de Janeiro: Bertrand Brasil, 2019.

BENISTE, José. *Mitos yorubás*: o outro lado do conhecimento. Rio de Janeiro: Bertrand Brasil, 2006.

BOFF, Leonardo. Em favor do sincretismo: a produção da catolicidade do catolicismo. In: BOFF, Leonardo. *Igreja: carisma e poder*. São Paulo: Ática, 1994. p. 157-184.

BOLÍVAR ARÓSTEGUI, Natalia. *Los orishas em Cuba*. Caracas: Panapo, 1995.

BRAGA, Júlio Santana. *Na gamela do feitiço*. Salvador: EDUFBA, 1995.

BRAGA, Júlio Santana. Prática divinatória e exercício de poder (o jogo de búzios nos candomblés da Bahia). *Afro-Ásia*, Salvador, n. 13, p. 67-74, 1980.

CABRERA, Lydia. *El monte*. Habana: Letras Cubanas, 1990.

CACCIATORE, Olga Gudolle. *Dicionário de cultos afro-brasileiros*. 3. ed. Rio de Janeiro: Forense Universitária, 1988.

CAMPBELL, Joseph. *O poder do mito*. Tradução: Carlos Felipe Moisés. São Paulo: Palas Athena, 1991.

CAPONE, Stefania. *A busca da África no candomblé*: tradição e poder no Brasil. Tradução: Procópio Abreu. Rio de Janeiro: Pallas, 2005.

CAPONE, Stefania. O pai de santo e o babalaô: interação religiosa e rearranjos rituais na religião dos orishas. Tradução: Bruno da S. Azevedo. *Revista Pós Ciências Sociais*, São Luís, v. 8, n. 16, p. 107-128, jul.-dez. 2011a.

CAPONE, Stefania. *Os yoruba do Novo Mundo*: religião, etnicidade e nacionalismo negro nos Estados Unidos. Rio de Janeiro: Pallas, 2011b.

CARNEIRO, Edison. *Candomblés da Bahia*. Rio de Janeiro: Civilização Brasileira, 1978.

CASTILLO, Lisa Earl. Bamboxê Obitikô e a expansão do culto aos orixás (século XIX): uma rede religiosa afroatlântica. *Tempo*, Niterói, v. 22, n. 39, p. 126-153, jan.-abr. 2016.

CASTILLO, Lisa Earl. O Terreiro do Alaketu e seus fundadores: história e genealogia familiar, 1807-1867. *Afro-Ásia*, Salvador, n. 43, p. 213-259, 2011.

CASTRO, Eduardo Viveiros de. Os pronomes cosmológicos e o perspectivismo ameríndio. *Mana*, Rio de Janeiro, v. 2, n. 2, p. 115-144, 1996.

CASTRO, Guilhermo. *Tratado de Ifá*. Original em formato digital, difundido em Cuba, cópia cedida particularmente, 2018.

COSTA, Ivan Horácio (Mestre Itaoman). *Ifá, o orixá do destino*: o jogo de opon e do opelê Ifá. São Paulo: Ícone, 1995.

DANTAS, Beatriz Góis. *Vovó nagô e papai branco*: usos e abusos da África no Brasil. Rio de Janeiro: Graal, 1988.

DIAS, João Ferreira. *Nos trilhos do pensamento religioso yoruba*. Lisboa: Edições Universitárias Lusófonas, 2016.

DIAZ, Ricardo Borys Córdova; RIBEIRO, Ronilda Iyakemi. Ifá-Orunmilá em Cuba e no Brasil. In: PINTO, Elisabete A.; ALMEIDA, Ivan Antônio de (org.). *Religiões*: tolerância e igualdade no espaço da diversidade (exclusão e inclusão social, étnica e de gênero). São Paulo: Fala Preta!, 2004. v. 1, p. 51-63.

ELEBUIBON, Ifayemi. *Poetry*: the voice of Orunmilá. San Bernardino: Ile Orunmila, 1999.

ELIADE, Mircea. *Mito e realidade*. Tradução: Pola Civelli. São Paulo: Perspectiva, 2002.

ELIADE, Mircea. *O sagrado e o profano*: a essência das religiões. Tradução: Rogério Fernandes. 2. ed. São Paulo: Martins Fontes, 2008.

EPEGA, Afolabi A. *The sacred Ifa oracle*. New York: Athelia Henrietta, 1999.

ESTEVES, Carlos Antonio Ribeiro. *Ifá no Brasil*. Original não publicado, cópia cedida pelo autor, 2019.

EVANS-PRITCHARD, E. E. *Bruxaria, oráculos e magia entre os azande*. Ed. resum. e introd.: Eva Gillies. Tradução: Eduardo Viveiros de Castro. Rio de Janeiro: Jorge Zahar, 2005.

FATUNMBI, Awo Falokun. Oríkì Òrúnmìlà: alabando el espírito del destino. In: FATUNMBI, Awo Falokun. *Oriki*. [Online]: CreateSpace, 2014.

FERRETTI, Sérgio Figueiredo. *Repensando o sincretismo*: estudo sobre a Casa das Minas. São Paulo: EDUSP; São Luís: FAPEMA, 1995.

FERRETTI, Sérgio Figueiredo. Sincretismo afro-brasileiro e resistência cultural. *Horizontes Antropológicos*, Porto Alegre, ano 4, n. 8, p. 182-198, jun.1998.

FORD, Clyde W. *O herói com rosto africano*: mitos da África. Tradução: Carlos Mendes Rosa. São Paulo: Selo Negro, 1999.

FRANCHINI, A. S.; SEGANFREDO, Carmen. *As melhores histórias da mitologia africana*. Porto Alegre: Artes e Ofícios, 2008.

FREUD, Sigmund. *Totem e tabu* (e outros trabalhos). Rio de Janeiro: Imago, 1999.

FROBENIUS, Leo. *A gênese africana*. Tradução: Dinah de Abreu Azevedo. São Paulo: Martin Claret, 2010.

GILROY, Paul. *O Atlântico negro*: modernidade e dupla consciência. Tradução: Cid Knipel Moreira. São Paulo: Ed.34, Rio de Janeiro: Centro de Estudos Afro-Asiáticos (UCAM), 2001.

GOODY, Jack. *O mito, o ritual e o oral*. Tradução: Vera Lucia Mello Josceline. Petrópolis: Vozes, 2012.

HERSKOVITS, Melville J. Pesquisas etnológicas na Bahia. Tradução: José Valladares. *Afro-Ásia*, Salvador, n. 4-5, p.89-106, 1967.

HOFBAUER, Andreas. Pureza nagô, (re)africanização, dessincretização. *Vivência Revista de Antropologia*, Natal, n. 40, p. 103-120, 2012.

HOLBRAAD, Martin. Estimando a necessidade: os oráculos de Ifá e a verdade em Havana. *Mana*, Rio de Janeiro, v. 9, n. 2, p. 39-77, 2003.

IBIE, Cromwell Osamaro. *Ifism*: the complete works of Orunmila. New York: Athelia Henrietta, 2005. 13 v.

IDOWU, E. Bolaji. *Olódùmarè*: God in yoruba belief. ed. rev. e aum. Lagos: Longman Nigeria, 1996.

IFÁKOYA, Awo. *Dafa*: um poderoso sistema para ouvir a voz do Criador. Disponível em: <https://www.academia.edu/8475419/DAFA_Um_Poderoso_Sistema_Para_Ouvir_A_Voz_Do_Criador._Transcrito_por_Awo_Ifákoya_segundo_os_ensinamentos_recebidos_do>. Acesso em: 12 jul. 2021.

IROSUN SÁ, A. A. A. M. *Ifá em tus manos*: los 256 odu de Ifá. Ocean [NJ,US]: Folkcuba, 20--.

JOHNSON, Samuel. *The history of the yorubas*. Editado por Obadiah Johnson. New York: Cambridge University Press, 2010.

KARADE, Baba Ifa. *The handbook of yoruba religious concepts*. Newburyport: Weiser, 1994.

KARENGA, Maulana. *Odù Ifá*: the ethical teachings. Los Angeles: University of Sankore Press, 1999.

KERÉNYI, Karl. *Imágenes primigenias de la religión griega*. IV Prometeo: interpretación griega de la existencia humana. Tradução para o espanhol: Brigitte Kiemann. Madrid: Sexto Piso, 2011.

KILEUY, Odé; OXAGUIÃ, Vera de. *O candomblé bem explicado*: nações bantu, iorubá e fon. Rio de Janeiro: Pallas, 2009.

KUTI, Awo Olowasina. *Os primeiros dezesseis odus de Ifá para iniciantes no estudo da adivinhação de Ifá*. Tradução: Graça de Oxaguian. [S. l.: S. n.], 2001.

LÉVI-STRAUSS, Claude. *Antropologia Estrutural 2*. Tradução: Maria do Carmo Pandolfo. Rio de Janeiro: Tempo Brasileiro, 1989.

LIMA, Vivaldo da Costa. O candomblé da Bahia na década de 1930. *Estudos Avançados*, São Paulo, v. 18, n. 52, p. 201-221, 2004.

LOPES, Nei. *Ifá Lucumí*: o resgate da tradição. Rio de Janeiro: Pallas, 2020.

LOVEJOY, Paul E. Identidade e a miragem da etnicidade. Tradução: Raul Oliveira. *Afro-Ásia*, Salvador, n. 27, p. 9-39, 2002.

LUCAS, Jonathan Olumide. *The religion of the yorubas*. New York: Athelia Henrietta, 2001.

MAGALHÃES, Elyette Guimarães de. *Orixás da Bahia*. 5. ed. Salvador: Bahia Artes Gráficas, 1977.

MARTINS, Adilson [de Oxalá]. *As mil verdades de Ifá*. Rio de Janeiro: Pallas, 2012.

MARTINS, Adilson [de Oxalá]. *Igbadu*: a cabaça da existência. 2. ed. Rio de Janeiro: Pallas, 2001.

MATORY, J. Lorand. Yorubá: as rotas e as raízes da nação transatlântica, 1830-1950. *Horizontes Antropológicos*, Porto Alegre, v. 4, n. 9, p. 263-292, out. 1998.

MATTOSO, Kátia de Queirós. *Ser escravo no Brasil*. São Paulo: Brasiliense, 2001.

MAUPOIL, Bernard. *Adivinhação na antiga Costa dos Escravos*. Tradução: Carlos Eugênio Marcondes de Moura. São Paulo: EDUSP, 2017.

MAUPOIL, Bernard. Contribution à l'étude de l'origine musulmane de la géomancie dans le Bas-Dahomey. *Journal de la Société des Africanistes*, Paris, t. 13, p. 1-94, 1943.

MAUSS, Marcel; HUBERT, Henri. *Sobre o sacrifício*. Tradução: Paulo Neves. São Paulo: Cosac Naify, 2005.

MONTEIL, Charles. La divination chez les noirs de l'Afrique Occidentale Française. *Bulletin du Comité d'Études Historiques et Scientifiques de l'Afrique Occidentale Française*, Paris, t. 14, n. 1-2, p. 27-136, janv.-juin 1931.

NAPOLEÃO, Eduardo. *Vocabulário yorùbá*: para entender a linguagem dos orixás. Rio de Janeiro: Pallas, 2011.

OLIVA, Anderson Ribeiro. A invenção dos iorubás na África Ocidental. *Estudos Afro-Asiáticos*, Rio de Janeiro, a. 27, n. 1-3, p. 141-179, jan-dez. 2005.

ORTEGA Y GASSET, José. *Sobre la razón histórica*. Madrid: Alianza, 1983.

ORTIZ, Fernando. *Los negros brujos*. Habana: Ed. Ciencias Sociales, 1990.

OTTO, Walter Friedrich. *Os deuses da Grécia*: a imagem do divino na visão do espírito grego. Tradução: Ordep Serra. São Paulo: Odysseus, 2005.

OTTO, Walter Friedrich. *Teofania*: o espírito da religião dos gregos antigos. Tradução: Ordep Serra. São Paulo: Odysseus, 2006.

PALMIÉ, Stephan. O trabalho cultural da globalização iorubá. Tradução: Ana Paula L. Rodgers. *Religião e Sociedade*, Rio de Janeiro, v. 27, n. 1, p. 77-113, jul. 2007.

PEEL, John David Yeadon. Islam, Christianity and the unfinished making of the yoruba. In. MELLON FOUNDATION. *Sawyer Seminar*, University of Michigan, 1-2 abr. 2011.

PÓPÓOLÁ, S. Solágbadé. *Practical Ifá divination*: Ifá reference manual. New York: Athelia Henrietta, 1997.

PORTUGAL FILHO, Fernandez. *Ifá, o senhor do destino*. São Paulo: Madras, 2014.

PRANDI, Reginaldo. As artes da adivinhação: candomblé tecendo tradições no jogo de búzios. In: MOURA, Carlos Eugênio Marcondes de (org.). *As senhoras do pássaro da noite*. 1. reimpr. São Paulo: EDUSP, Axis Mundi, 2003. p. 121-165.

PRANDI, Reginaldo. *Ifá, o adivinho*. São Paulo: Companhia das Letrinhas, 2002.

PRANDI, Reginaldo. *Mitologia dos orixás*. São Paulo: Companhia das Letras, 2001.

PRANDI, Reginaldo. O que você precisa ler para saber quase tudo sobre as religiões afro-brasileiras. *Revista Brasileira de Informação Bibliográfica em Ciências Sociais*, São Paulo, n. 63, p. 7-30, 1. sem.

2007. (título original: As religiões afro-brasileiras nas ciências sociais: uma conferência, uma bibliografia.)

PRANDI, Reginaldo. *Os candomblés de São Paulo*. Nova ed. ampl. São Paulo: Arché, 2020.

PRANDI, Reginaldo. *Os príncipes do destino*. São Paulo: Cosac Naify, 2001.

QUERINO, Manuel. *Costumes africanos no Brasil*. São Paulo: Civilização Brasileira, 1938.

RAMOS, Arthur. *O negro brasileiro III*: as culturas negras no Novo Mundo. São Paulo: Nacional, 1946.

REIS, João José. *Domingos Sodré, um sacerdote africano*. São Paulo: Companhia das Letras, 2008.

REIS, João José. *Rebelião escrava no Brasil*: a história do levante dos malês em 1835. São Paulo: Companhia das Letras, 2003.

RIBEIRO, Ronilda Iyakemi. Oduduwa Templo dos Orixás: território de entrelaçamento de religiões brasileiras de matriz africana. In: ABHR (Associação Brasileira de História das Religiões). *Simpósio, 10.*, Migrações e imigrações das religiões, UNESP, Assis, SP, 2008.

RIBEIRO, Sidarta. *O oráculo da noite*. São Paulo: Companhia das Letras, 2019.

RIO, João do (João Paulo Barreto). *As religiões do Rio*. Rio de Janeiro: Nova Aguilar, 1976.

ROCHA, Angenor Miranda. *Caminhos de Odu*. Rio de Janeiro: Pallas, 2001.

RODRIGUES, Raymundo Nina. *O animismo fetichista dos negros baianos*. Apresentação e notas: Yvonne Maggie A. Velho, Peter Fry. Rio de Janeiro: Fundação Biblioteca Nacional, EDUFRJ, 2006. (fac-símile de artigos publicados em 1896-1897)

RODRIGUES, Raymundo Nina. *Os africanos no Brasil*. Rio de Janeiro: Centro Edelstein de Pesquisas Sociais (Biblioteca Virtual), 2010.

SALAMI, Sikiru. *Poemas de Ifá e valores de conduta social entre os yoruba da Nigéria* (África do oeste). Tese (Doutorado em

Sociologia), Faculdade de Filosofia, Letras e Ciências Humanas, Universidade de São Paulo, São Paulo, 1999.

SALAMI, Yunusa Kehinde. An epistemic critique of Ifá as a revealing source of knowledge. In: OGUNGBILE, David O. (ed.). *African indigenous religious traditions in local and global contexts*: perspectives on Nigeria. Lagos: Malthouse, 2015. chap. 5, p. 95-102.

SALAMI, Yunusa Kehinde. Predestinação e a metafísica da identidade: um estudo de caso iorubá. Tradução de Fábio Baqueiro Figueiredo. *Afro-Ásia*, Salvador, n. 35 p. 263-279, 2007.

SANGIRARDI JÚNIOR [Ângelo B.]. *Deuses da África e do Brasil*: candomblé e umbanda. Rio de Janeiro: Civilização Brasileira, 1988.

SANTOS, Juana Elbein dos. *Os nàgó e a morte*: pàde, àsèsè e o culto égun na Bahia. Tradução: Universidade Federal da Bahia. 11. ed. Petrópolis: Vozes, 1986.

SAUSSURE, Ferdinand de. *Curso de linguística geral*. Tradução: Antônio Chelini, José Paulo Paes, Izidoro Blikstein. 5. ed. São Paulo: Cultrix, 1973.

SAVARY, Claude. *La pensée symbolique des Fõ du Dahomey*. Genève: Ed. Médicine et Hygiène, 1976.

SILVA, Patrick de Oliveira. A religião de Ifá: re-invenção da religiosidade africana no Brasil. In: MOREIRA, Alberto da Silva et al (org.). *A religião entre o espetáculo e a intimidade*. Goiânia: PUC Goiás, 2014. v. 1, p. 3-12.

SILVA, Sebastião Fernando da. *A filosofia de Òrúnmìlà-Ifá e a formação do bom caráter*. Dissertação (Mestrado em Ciências da Religião), Escola de Formação de Professores e Humanidades, Pontifícia Universidade Católica de Goiás, Goiânia, 2015.

SILVEIRA, Renato da. *O candomblé da Barroquinha*: processo de constituição do primeiro terreiro baiano de keto. Salvador: Maianga, 2006.

SOUSA, Eudoro de. *Mitologia*: história e mito. Lisboa: Imprensa Nacional – Casa da Moeda, 2004.

NELSON, Wilfredo. *Tratado de Ifá* (Tratadão). Original não publicado, difundido em Cuba, Venezuela e Brasil, cópia cedida particularmente, 2002.

SINOTI, Rodrigo (compil.). *Tratado Disse Ifá*: patakies dos Odu Meji. Obra não publicada, cópia cedida pelo autor, 2003. Compilação dos Odu Meji organizada para uso pelo grupo de estudos a que Athayde e Sinoti pertenciam.

TRATADO de Ifá. Original não publicado, difundido na Venezuela, cópia cedida particularmente, 2002.

VALLADO, Armando. *Iemanjá*: a grande mãe africana do Brasil. Rio de Janeiro: Pallas, 2002.

VERGER, Pierre. *Artigos*. São Paulo: Corrupio, 1992a.

VERGER, Pierre. Etnografia religiosa ioruba e probidade científica. *Religião e Sociedade*, Rio de Janeiro, n. 8, p. 3-10, 1982.

VERGER, Pierre. *Notas sobre o culto aos orixás e voduns*: na Bahia de Todos os Santos, no Brasil, e na antiga Costa dos Escravos, na África. Tradução: Carlos Eugênio M. de Moura. 2. ed. São Paulo: EDUSP, 2000.

VERGER, Pierre. O deus supremo iorubá: uma revisão das fontes. *Afro-Ásia*, Salvador, n. 15, p. 18-35, 1992b.

VERGER, Pierre. *Orixás*: deuses iorubás na África e no Novo Mundo. 6. ed. Salvador: Corrupio, 2002.

VERGER, Pierre; BASTIDE, Roger. Contribuição ao estudo da adivinhação em Salvador (Bahia). In. LÜHNING, Ângela (org). *Verger-Bastide*: dimensões de uma amizade. Tradução de Rejane Janovitzer. Rio de Janeiro: Bertrand Brasil, 2002.

VERNANT, Jean-Pierre. *As origens do pensamento grego*. Tradução: Ísis da Fonseca. Rio de Janeiro: Bertrand Brasil, 1989.

VERNANT, Jean-Pierre; VIDAL-NAQUET, Pierre. *Mito e tragédia na Grécia antiga*. Tradução: Bertha H. Gurovitz. São Paulo: Brasiliense, 1988.

VEYNE, Paul. *Acreditavam os gregos em seus mitos?* Tradução: Horácio González, Milton M. Nascimento. São Paulo: Brasiliense, 1984.

Babalawos entrevistados que colaboraram para este livro

- Carlos Antonio Ribeiro Esteves, Ifá Ade;
- Luís Henrique Chauvet de Andrade, Omoadeifá;
- André Bruno Nery, Ifá L'Ori;
- Antônio Wagner, Ifá Korede;
- Rodrigo Ifayode Sinoti;
- Cláudio Ribeiro Falcão, Ifasinmi;
- Evandro Cesar, Ifá Dépò;
- Miguel C. Sinoti, Ifábunmi;
- Marcelo Reis, Ifábayè;
- Guilherme Gabriel Santos Bomfim, Ifáshegun;
- Wagner Lima, Ifakorede.

Este livro foi impresso em fevereiro de 2022,
na Imos Gráfica, no Rio de Janeiro.
A famílias tipográficas utilizadas foram
a ITC Stone Serif STD e a Avenir.
O papel utilizado foi o pólen soft 80g/m²,
para o miolo, e o cartão 250g/m² para a capa.